LETTRES

AUX

ÉLECTEURS

PAR

V. PATHFINDER

PARIS

IMPRIMERIE ADOLPHE REIFF

9, PLACE CAMBRAI, 9

—

1877

LETTRES AUX ÉLECTEURS

LETTRES

AUX

ÉLECTEURS

PAR

V. PATHFINDER

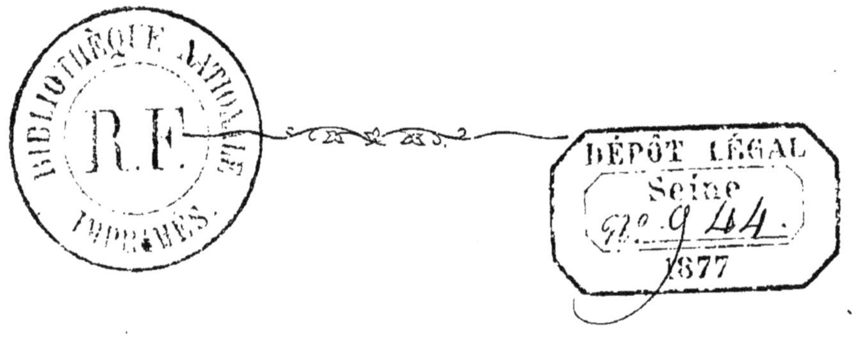

PARIS
IMPRIMERIE ADOLPHE REIFF
9, PLACE CAMBRAI, 9

1877

AVANT-PROPOS

Ayant, pendant trente ans, étudié spécialement les questions sociales, économiques, ainsi que les questions politiques, qui toutes se rattachent indissolublement les unes aux autres ; ayant aussi passé toute ma vie dans les différentes affaires pratiques et administratives, et ayant beaucoup voyagé, j'ai pu faire de nombreuses observations sur certains principes relatifs aux questions que je viens d'énumérer, et me former une opinion sur toutes ces questions. Cette opinion n'étant pas conforme en grande partie avec celles généralement répandues, j'ai cru qu'il était de mon devoir absolu au déclin de ma vie de communiquer au public le résultat de mes études et de mon expérience.

Pour réaliser cette intention, j'ai pensé qu'il serait plus pratique de fonder un journal où j'aurais pu exprimer librement mes idées et de me servir pour cela de la langue française, qui est la plus répandue en Europe.

Quelques personnes, ayant appris mes projets, m'ont mis en relation avec M. Louis Blanc pour pouvoir nous entendre sur la publication d'un journal. Nous nous sommes entendus et j'ai souscrit pour plus de la moitié du capital destiné à la fondation de *l'Homme libre*, en me réservant le droit de publier mes articles sans la censure de la rédaction du journal.

Néanmoins, M. Louis Blanc, se basant sur ce qu'il est directeur politique du journal, peu de temps après sa fondation, n'a pas voulu tenir compte de mes droits et a empêché la publication de mes articles.

Ne voulant pas laisser perdre ceux que j'ai préparés depuis longtemps et qui reposaient dans le bureau du journal sans trouver place dans ses colonnes, j'ai réuni dans cette brochure quelques-uns de ces articles adressés spécialement aux électeurs.

De toutes ces lettres, deux seulement ont été publiées dans le journal, l'une intitulée : *L'ère nouvelle,* l'autre *Le vrai danger.*

Je fais observer aussi que, par des raisons qu'il est inutile d'expliquer, M. Louis Blanc s'opposa énergiquement à ce que mes lettres portassent le titre *Aux Électeurs.*

Dans cette brochure je rétablis ce titre et je désire expliquer la raison pour laquelle j'ai voulu m'adresser aux électeurs.

A mon point de vue, si un publiciste veut vraiment obtenir par ses écrits quelque résultat pratique, si petit qu'il soit, il doit viser à éclairer les différents *agents* qui jouent un rôle dans la vie publique. Dans la sphère des questions sociales, économiques et politiques, ces agents sont le gouvernement et la masse. Sous un régime républicain, l'intention d'éclairer les électeurs est une intention des plus naturelles. Voici pourquoi j'avais voulu m'adresser à ces derniers.

Bien qu'à la fin de cette brochure se trouve un article, intitulé : *Le vrai danger*, qui n'est pas adressé directement aux électeurs, j'ai cependant pensé qu'il ne serait pas inutile de l'insérer ici.

En terminant cet avant-propos, je ne puis pas omettre l'expression de mon profond regret de n'avoir pu, malgré les grands sacrifices que j'ai faits, réaliser mon intention de publier mes idées librement dans un journal. Je regrette aussi de ne pouvoir continuer l'œuvre que j'ai entreprise, car, après avoir sacrifié inutilement une partie de ma fortune pour avoir la possibilité de propager mes idées, il m'est difficile de continuer ces sacrifices.

Cette brochure ne contient qu'une faible esquisse de quelques questions qui auraient demandés pour leur développement un travail au moins d'une année. Et combien y a-t-il encore d'autres questions économiques et sociales que j'avais l'intention de traiter à fond et au point de vue pratique pour expliquer ce qui pourrait être appliqué immédiatement. Si je ne puis plus faire comme je l'entendais, ce n'est pas de ma faute.

LETTRES AUX ÉLECTEURS

I

L'ÈRE NOUVELLE

Nous nous sommes proposés de causer, de temps en temps, avec vous sous forme de lettres.

Les différentes questions, les différents principes que nous avons l'intention de traiter, intéressent autant les électeurs français que ceux de tous autres pays. Cependant nous aurons en vue de préférence les électeurs français.

Nous avons la conviction profonde qu'en ce moment les électeurs français tiennent dans leurs mains, non-seulement les destinées de leur pays, mais qu'ils peuvent tenir aussi celle du monde entier, et voici pourquoi :

Aujourd'hui tous les esprits droits, qui pensent et qui observent, sont d'accord sur ce point : que les vieilles formes de la vie sociale ne répondent plus aux besoins de notre époque. Une certaine fermentation règne dans tous les esprits ; on a peur comme si l'on apercevait au loin un fantôme épouvantable; on s'effraie à tout propos et l'on sent que la base de la vie sociale manque de stabilité. C'est l'ère nouvelle qui approche.

Le genre humain a traversé plusieurs fois déjà dans son passé, des phases pareilles.

Le peuple qui comprendra le caractère de l'ère future, qui saura la formuler et qui prendra l'initiative de sa réalisation, sera pour bien longtemps le régulateur des déstinées du monde.

Mais comment le peuple pourrait-il prendre une initiative si ce n'est pas par son délégué, son gérant, qui est le gouvernement.

Parmi les gouvernements monarchiques, il ne s'en trouve en ce moment pas un qui comprenne le caractère de l'ère future et qui songe à en devenir l'inaugurateur : tous se préoccupent du soin de leur propre conservation et du maintien du *statu quo*. Hors de là, rien !

Parmi les Républiques, il n'y a que celle de l'Amérique du Nord qui, de prime abord, paraît pouvoir faire concurrence à la France.

Mais cette République, qui date d'un siècle, n'a

pas acquis une influence marquante sur la civilisation de l'Europe. Elle n'a produit aucune idée grandiose qui se soit répandue dans le monde.

Est-ce à cause de sa situation géographique trop éloignée du centre de la civilisation intellectuelle qui est toujours l'Europe, ou bien pour d'autres causes ?

Quoi qu'il en soit, nous considérons les Etats-Unis d'Amérique comme une personnification de l'esprit d'égoïsme et de lutte individuelle.

Et la France? La France, elle a émis, à la fin du siècle passé, des idées qui se sont répandues dans le monde entier et qui possèdent encore tous les esprits ; la France a déjà joué dans le monde le rôle de régénératrice. Ce rôle lui appartient par tradition et par vocation. Laisser ravir ce grand rôle à la France, ne serait-ce pas marcher vers l'effacement et vers la décadence ? Ne serait-ce pas un démenti, une trahison?

Quel est donc le caractère de l'ère nouvelle qui se prépare ? Nous oserons le formuler en quelques mots :

Réalisation, dans la pratique de la vie sociale, du principe philosophique du Christ :

Aime ton prochain comme toi-même et ne lui fais rien de ce que tu ne voudrais pas qu'on te fit.

Il faut que, dans l'ère nouvelle, ce principe devienne réellement la base de toutes les institutions sociales. Jusqu'à présent il n'a guère été autre chose qu'une pompeuse et inutile décoration. Tout est encore basé sur *la méfiance*, tandis qu'il importe, au contraire, que tout soit basé sur *la confiance*. Jusqu'à présent on est parti de ce point de vue que l'être humain est le foyer du mal ; il faut désormais que l'on parte de cet autre point de vue, que l'homme au contraire, est le foyer du bien. Jusqu'à présent on a nié la conscience comme partie intégrant de l'être humain, ne s'apercevant pas que cette doctrine est la négation de la vérité dont nous venons de parler. Désormais, il faut que la souveraineté de la conscience humaine ne soit plus contestée et que cet élément impérissable de notre individu entre en ligne de compte dans les relations sociales.

La tendance de l'ère nouvelle doit être d'affirmer *la foi dans le bien* et d'en faire le principal mobile des actes de l'homme.

C'est précisément le manque de cette foi qui constitue l'hésitation générale qu'on aperçoit dans tous les esprits de l'époque actuelle, hésitation qui se reflète très nuisiblement sur toutes les actions humaines, et dont, fort heureusement, nous prévoyons le terme.

La doctrine de l'ère nouvelle exige que l'homme soit rendu libre moralement, personnellement, et par dessus tout qu'il soit indépendant sous le rapport matériel sans quoi la liberté n'est qu'un vain mot.

L'événement de l'ère nouvelle implique la restitution à l'homme de ses droits naturels, qui lui sont retirés dans la plus grande partie du monde : liberté absolue de la parole, s'exprimant par tous les moyens possibles, et liberté de réunion.

Il est dans les nécessités de l'ère nouvelle que l'homme prenne une part efficace dans les questions graves touchant aux affaires de son pays.

Aucun peuple n'a encore résolu directement cette importante question. Le seul droit de suffrage, surtout pratiqué de la façon dont on le fait aujourd'hui est bien loin de répondre aux besoins de l'époque.

Il est dans l'esprit de l'ère nouvelle, que, par l'équilibre des forces économiques, le bien-être général soit assuré proportionnellement à l'intelligence, à la connaissance, au travail de l'individu et au degré d'utilité qu'il apporte à la société.

L'ère nouvelle exige la condamnation de cette pitoyable doctrine de l'inévibilité de la misère, — doctrine qui envenime tous les esprits, surtout ceux des hommes d'État, et qui est encore soutenue par les économistes du jour.

L'ère nouvelle, c'est la guerre à la misère, tandis que l'ère ancienne c'est la guerre meurtrière engendrant la misère.

L'ère nouvelle, c'est l'équilibre entre les éléments de la vie sociale. La nécessité de cet équilibre demande un contrepoids au capital, qui, ne rencontrant aucune réaction de la part des éléments qui l'entourent, se livre à des abus tels, que, loin de servir la société, il conduit à la destruction de la vie sociale.

Ne vous effrayez pas : ce n'est pas la guerre au capital que nous prêchons, non ! cette guerre serait une folie ; ce que la doctrine de l'ère nouvelle demande c'est uniquement qu'un contrepoids lui soit donné pour prévenir les abus qu'il engendre, et ce contrepoids existe.

L'ère nouvelle exige une répartition équitable et normale des charges qui pèsent sur les contribuables.

Elle exige en outre que les richesses nationales soient destinées non à augmenter le nombre des oisifs ne produisant rien et vivant au compte des producteurs, mais que ces richesses soient destinées à l'augmentation de la production.

L'ère nouvelle exige une prompte solution de toutes les questions politiques et ensuite la condamnation du principe de la guerre.

Enfin l'ère nouvelle exige une guerre incessante à l'ignorance, par conséquent une instruction large, pratique et réelle, dont tout le monde puisse tirer profit. C'est dans l'instruction quc gît la solution de toutes les questions sociales.

Mais que faire ? Comment parvenir à atteindre ce but ?

S'instruire et vouloir.

Vouloir c'est pouvoir, dit justement le vieux proverbe. Mais pour vouloir et pouvoir il faut avant tout croire, c'est-à-dire avoir *foi* dans le bien. Là est la force.

Pour notre part, nous mettrons avec abnégation toutes nos forces intellectuelles et physiques, si faibles quelles soient, au service de cette cause.

II

MANDAT IMPÉRATIF

Dans notre lettre précédente nous avons esquissé le caractère de l'ère nouvelle vers laquelle le monde civilisé marche forcément. Nous avons dit que la réalisation des principes dont cette ère nouvelle doit voir le développement ne peut être conduite que par une représentation sociale, un gouvernement.

Donc la principale chose à faire c'est d'avoir un gouvernement, autrement dit, d'avoir une représentation de la société, répondant entièrement aux besoins de l'époque,

Qui donc est chargé de former un gouvernement sous le régime républicain si ce n'est vous, électeurs ? N'avions-nous donc pas raison de dire que tout est entre vos mains ?

Mais comment arriver à ce que le gouvernement soit vraiment la représentation des besoins de l'époque ? Là certainement se trouve la première et la principale question à résoudre.

Le temps ne vous manquera pas pour étudier cette question. Vous avez devant vous trois années. C'est bien assez pour s'éclairer. Mais, direz-vous : *la loi électorale et la loi sur les réunions nous font obstacle.* Oui, vous avez raison ; néanmoins, ce n'est pas nous qui vous conseillerons la violation des lois, malgré notre opinion toute personnelle sur le principe de ces lois dites positives.

Nous considerons, en effet, au point de vue philosophique, le règne actuel des lois positives comme le règne du plus impitoyable despotisme, règne qui ne garantit personne, mais opprime tout le monde. Cette manière de voir vous paraîtra peut-être singulière, cependant, en ce moment-ci, nous ne sommes déjà plus seuls dans cet ordre d'idées ; le brouillard commence à se dissiper.

Il y a dix-huit ans, nous avons eu l'audace de dire : *que, par la multiplication des lois, le règne du despotisme s'est établi présentement non dans les personnes, mais dans les lois mêmes ; que ce principe est antichrétien ; que la multiplication des lois a créé un état de choses tel que bientôt ni la société, ni l'individu ne pourront plus le supporter ; que désormais tout doit tendre non à la multiplication, mais à l'abrogation des lois, et que si pour le moment cette opinion nous valait l'épithète de fou, cela ne nous empêcherait pas de la soutenir, car nous ne mettons pas en doute que dans peu de temps on ne la juge digne d'examen.*

Déjà nous pouvons citer les paroles d'un ministre,

paroles que nous aurions signées avec plaisir; les voici :
« *Parmi les mille manières de gouverner dont on a*
« *usé dans le monde, il y en a une qui n'a pas encore*
« *fait ses preuves, et qui, je l'avoue, a pour moi des*
« *attractions particulières; je voudrais que le gouver-*
« *nement apprît aux citoyens à se passer des lois.* »

Ce paroles, si importantes et si significatives, n'ont pu être prononcées que par un homme qui comprend l'avenir.

Revenons à la question qui nous occupe. L'opinion que nous avons émise sur le principe des lois ne serait nullement en opposition avec la maxime suivante que nous partageons : tant que la loi existe, il faut la respecter, si ce n'est dans le cas extrême, où la conscience exige de porter secours aux opprimés et de lutter contre l'injustice. Dans ce cas, la violation est légitime, puisque la conscience, étant un élément de la nature, élément prenant sa source dans la loi suprême et absolue, est, par conséquent, supérieure aux lois dites positives qui dérivent des délibérations de quelques personnes dans des circonstances données et dans un temps déterminé.

Mais, comprenez bien, électeurs, que la violation des lois n'est légitime que quand, de son côté, la loi viole la conscience. Dans la question que nous traitons il n'y a rien de pareil, il n'y a qu'une divergence d'opinions : les uns prétendent que la loi électorale en vigueur est bonne, les autres la trouvent mauvaise; les uns croient qu'il y a du danger dans la liberté de réunion, les autres, au contraire, y voient une garantie pour la société.

Ainsi, pour rester dans la voie légale, il faut avoir un peu de patience. Vous n'avez devant vous qu'un petit nombre d'années à attendre, au bout desquelles vous serez maîtres de résoudre la question. Tâchez seulement de profiter de ce laps de temps pour vous instruire et vous éclairer.

Cependant rien ne vous empêche, après vous être éclairés, de faire signer des pétitions demandant à l'assemblée actuelle de réviser au moins la loi électorale et d'introduire l'obligation pour les députés, de se soumettre au mandat impératif. Si même vous ne réussissez pas à obtenir de l'assemblée actuelle cette modification, vous pouvez toujours l'obtenir de l'assemblée prochaine.

Cette prérogative des électeurs, jointe à celle que constituerait la révocation du député au cas où il manquerait à son mandat, est tellement importante que les avantages du gouvernement républicain ne tiennent qu'à elles.

Sans ces prérogatives, unies nécessairement à la liberté absolue de réunion, de la parole et de la presse, le rôle des électeurs est trop borné, trop insignifiant, et, par conséquent, l'indifférence de leur part devient très naturelle et très compréhensible.

Actuellement tous, presque sans exception, tiennent

au grand principe du suffrage universel; tous franchement ou hypocritement voient en lui le principe de la souveraineté du peuple. N'est-il pas logique, nécessaire et urgent d'apporter la plus grande attention au perfectionnement de ce formidable engin, afin que la souveraineté du peuple ne soit pas un vain mot?

On se sert de cet engin, mais on en a encore peur. On admet généralement que la vie de chaque jour ne répond pas à l'exercice du suffrage universel, d'où la nécessité de rétablir le cours de la vie politique durant des périodes électorales de courte durée.

Est-ce sérieux? n'est-ce pas la preuve que l'on traite les électeurs comme des enfants? Ce qui est permis durant la période électorale devrait toujours être permis.

Une résolution, surtout quand elle doit être prise par de grandes masses, ne peut mûrir en quelques jours.

Nombre de candidats profitant de ce que la masse des électeurs les connaît très-peu, leur extorquent un vote dû souvent au hasard; puis, une fois élus, ils ne semblent plus connaître leurs électeurs et ne se considèrent pas comme responsables envers eux.

On a beaucoup discuté dans la presse et à la tribune le mandat impératif. Les seuls arguments sérieux des adversaires de cette prérogative des électeurs sont ceux-ci :

Le mandat impératif empiète sur la conscience du député.

Le mandat impératif exclut la nécessité des débats.

Nous allons analyser ces deux arguments.

Certes, nous serions les premiers à nous élever contre un principe qui toucherait d'une manière quelconque à la conscience, puisque nous la considérons comme une faculté supérieure à toutes les autres. Mais nous ne voyons dans le mandat impératif aucun empiètement sur la conscience. Le candidat sait d'avance ce qu'on exige de lui ; par conséquent c'est avant son élection que sa conscience est en question ; il accepte où il n'accepte pas le mandat selon que sa conscience l'approuve où s'y oppose. N'est-il donc pas clair que dans ces circonstances il ne peut exister la moindre entrave à la liberté de conscience. Il s'en suit que le premier argument disparaît forcément.

Passons maintenant au second.

Avant tout nous poserons cette question : Les débats sont-ils un but ou un moyen d'atteindre un certain résultat ?

A-t-on peur, avec le mandat impératif, d'arriver à l'unanimité ? Et si même cette supposition, peu vraisemblable cependant, se réalisait, où serait le malheur ?

Absence de beaux discours, absence de séances

intéressantes; est-ce là ce qu'on regretterait? Certainement, si telles devaient être les conséquences du mandat impératif, cela serait à un certain point de vue regrettable. Mais d'abord, les séances des assemblées sont-elles des spectacles destinés à distraire les députés et le public? leurs comptes-rendus sont-ils un sujet d'amusement pour les lecteurs de journaux? Nous croyons que le rôle des assemblées est plus élevé, plus grave : leur destination est de créer des lois. D'ailleurs tout le monde peut être certain que les discussions ne feront pas défaut. Ce qui serait changé, c'est que les débats porteraient enfin sur des sujets encore peu étudiés et que l'on cesserait de recommencer toujours ces mêmes débats qui durent depuis un siècle, sur la liberté de la parole, de la presse, des réunions, sur les lois électorales et autres qui ne sont que des principes absolus indépendants du temps et de l'époque et qui auraient dû depuis longtemps être admis.

Oui, il vaut mieux arriver à proclamer à l'unanimité et sans débats la restitution à l'homme de ses droits naturels, tels que la liberté absolue de la parole s'exprimant par tous les moyens possibles, la liberté des réunions, le mandat impératif, la révocation du délégué manquant à son mandat, que d'avoir le plaisir d'entendre peut-être encore pendant un demi siècle de beaux discours sur tous ces sujets.

Cen'estpasnous qui voudrions voir supprimerel s

débats, et si nous demandons le mandat impératif, c'est pour élever la nature des débats et afin qu'ils ne soient plus des luttes entre des idées personnelles, mais bien une discussion entre les représentants d'idées mises à l'ordre du jour par l'opinion de tout le peuple.

Si l'on pouvait encore, il y a quelque temps, avoir des doutes sur l'utilité pratique du mandat impératif, en ce moment, après le refus de l'amnistie prononcé par l'Assemblée actuelle à une majorité imposante, ce doute n'est plus permis.

Se trouve-t-il beaucoup de personnes en France, et même hors de France, qui n'aient cru qu'après les élections du 22 février et du 8 mars, le premier acte de l'Assemblée serait l'oubli et le pardon des délits et des crimes politiques ? Non ! tout le monde a été surpris que l'amnistie ait été repoussée. Cela tient à une jalousie parlementaire, à des considérations, qu'on nous pardonne le mot, mesquines. Est-il juste que les questions les plus graves, que le sort de milliers de personnes, que l'honneur même du pays tiennent à si peu de chose ?

Quels mobiles ont dicté cette regrettable décision ? Ne serait-ce pas le désir mesquin de mériter parmi quelques milliers de personnes le titre banal d'hommes modérés et raisonnables ?

Dans cette grave question s'agissait-il de contenter quelques milliers de personnes ? Ne s'agissait-il pas plutôt de satisfaire des millions de consciences, l'esprit général et la générosité traditionnelle du pays? De quoi pouvait-on avoir peur? Les 6,000 déportés sont-ils donc tous des hommes dangereux qui n'étaient mus lors de la commune que par des intérêts personnels? Leurs fautes, leurs crimes même, si l'on veut, ne sont-ils pas des fautes et des crimes politiques?

Si même en proclamant l'amnistie on avait pardonné en même temps à quelques hommes dangereux ou d'une honnêteté douteuse, ces quelques hommes devraient-ils effrayer la France? Cette considération est-elle sérieuse?

Le refus d'accorder l'amnistie est une offense à l'esprit généreux du pays, et une dureté peu naturelle au peuple français.

Le peuple français n'aurait pas peur de quelques malfaiteurs rentrés dans le pays; et, en voyant proclamer l'amnistie, il se serait réjoui d'avoir seché les larmes de plusieurs milliers de femmes et d'enfants.

L'amnistie aurait dû être une fête nationale.

Oui! l'Assemblée actuelle a trompé l'espérance de tous, et, par cela même, elle a commis une grande faute politique en perdant, non-seulement dans son pays, mais aussi au dehors, cette autorité morale qu'il serait désirable qu'elle gardât.

Nous ne doutons pas qu'un jour ou l'autre l'Assemblée ne regrette son acte de dureté.

Le peu de considération que témoigne le Sénat

pour les décisions de l'Assemblée n'est que la suite de cet acte, de même que le 2 décembre ne fut que la suite des journées de juin.

Nous nous sommes arrêtés sur cette question, car nous y voyons une preuve des plus concluantes, que sans le mandat impératif le pays peut être trompé par des considérations mesquines et par des jalousies parlementaires.

D'ailleurs, dans le cours de nos lettres, nous aurons l'occasion de vous démontrer plus d'une fois qu'aucun pouvoir, soit législatif, soit exécutif, soit même judiciaire, ne doit et n'a même le droit de se passer d'un contrôle efficace. Ainsi les députés doivent se trouver constamment sous le contrôle de leurs mandataires. S'il en est encore quelques-uns qui soient d'une opinion contraire, ils sont dans l'erreur la plus complète.

Cette question du droit des électeurs, la première que nous avons traité ici, est la plus urgente, car si l'individu ne jouit pas de ses droits naturels il est impossible de résoudre les autres questions.

Pour cette raison nous vous recommandons de demander par des pétitions à l'Assemblée actuelle la révision de la loi électorale. Si vous ne l'obtenez pas, travaillez à vous mettre d'accord pour les prochaines élections, afin de ne voter que pour des candidats qui vous donneront des gages certains qu'à leur entrée à l'Assemblée ils demanderont : la liberté absolue de la parole et de la presse ; la liberté absolue des réunions ; le mandat impératif et le droit de révocation du député par ses électeurs, s'il manque à son mandat.

Entendez bien ! ces questions sont tellement importantes et urgentes que c'est du sort même de la République qu'elles décideront.

De notre côté nous ne nous lasserons pas de vous rappeler à vos devoirs à tout propos et même hors de propos.

III

LA LIBERTÉ DES RÉUNIONS, DE LA PAROLE ET DE LA PRESSE

Dans la lettre précédente nous vous avons parlé de la nécessité du mandat impératif et de la révocation du député manquant à son mandat.

Mais l'obtention de ce droit n'est qu'un pas ; c'est un droit politique indispensable pour marcher en avant afin de pouvoir instituer un gouvernement à votre volonté.

Mais l'exercice de ce droit politique n'aurait pas grande valeur s'il n'était accompagné par les libertés naturelles à l'homme, telles que : la liberté des réunions et la liberté de la parole s'exprimant par tous les moyens possibles.

Depuis presqu'un siècle on traite, on discute la question de ces libertés, et on ne l'a pas encore tranchée, on ne vous a pas encore restitué vos droits naturels qui sont inaliénables à l'homme. — C'es une attaque à sa dignité.

S'il fallait relire tout ce qu'on a écrit et dit au sujet de ces libertés, la vie humaine n'y suffirait pas

Nous essaierons d'aborder cette question directement.

Comment! l'homme n'a pas la liberté d'exprimer sa pensée, de la communiquer aux autres? l'homme est privé de la jouissance du don de la nature qui lui est le plus cher, — don, qui le distingue de l'animal, qui le fait maître sur la terre?

Et à quel titre le prive-t-on de ce don? Pour sauvegarder la société, répondra-t-on. Peut-on imaginer une raison plus absurde, plus illogique?

Pour sauvegarder la société on empêche les hommes de se réunir, d'exprimer leurs pensées, de traiter leurs intérêts sociaux et de pouvoir s'entendre à ce sujet.

La raison donnée, n'est-elle pas bien singulière, et cependant personne ne pourrait en apporter d'autres.

Pour trancher la question, il s'agit de savoir: voulez-vous, oui ou non, jouir de la liberté de vous réunir et d'exprimer vos pensées? Là est la question. — Si vous voulez cette liberté, vous l'aurez.

Ne serait-ce pas une singulière république que celle où les électeurs n'auraient pas le droit d'exprimer leurs pensées librement et par tous les moyens possibles? Ne serait-ce pas une absurdité énorme? Cela existe pourtant!

Eh bien, électeurs, c'est à vous d'y mettre un terme; cette absurdité ne peut plus subsister, à moins que vous ne renonciez à la République.

Nous vous poserons maintenant la question suivante : Se trouve-t-il parmi vous beaucoup de personnes qui diraient. *Je ne veux pas jouir de la liberté d'exprimer mes pensées, de les communiquer aux autres, d'aller aux réunions, de m'y instruire et de m'entendre avec les autres ; j'ai mes opinions à moi que j'exprime en votant.*

Oui, il est possible qu'il s'en trouve quelques unes, mais ce n'est pas à ces personnes là que nous nous adressons.

Laissons-les de côté, ignorons-les comme elles veulent ignorer les autres ; du reste elles sont en petit nombre.

Certainement vous serez d'accord avec nous pour reconnaître que la France contient une majorité écrasante d'électeurs qui ne voudraient pas renoncer à la jouissance de la liberté d'exprimer leurs pensées et de s'entretenir librement avec leurs concitoyens. Qui donc vous refuse cette jouissance? — vos députés ! eh bien nommez des députés qui ne vous la refuserons plus ; — c'est bien simple.

« *Mais* » diront peut-être quelques uns de vous, « *nous aurions bien voulu jouir de cette liberté, mais on parle tant du danger qui s'attache à la liberté des réunions que nous avons peur de nous engager dans cette voie.* »

Erreur, répondrons-nous ; c'est précisément le contraire qui est vrai. La stabilité sociale, la garantie de la société se trouve dans la jouissance par chaque individu de ses droits naturels. La liberté n'est qu'une loi suprême de la nature; ce n'est que par la liberté de chacun que l'équilibre peut s'établir dans la vie sociale.

Un attentat à la loi suprême de la nature constitue l'anarchie; cette anarchie domine encore et nous tous en souffrons. Le danger n'est pas dans la liberté, mais dans la privation de liberté, dans cette dérogation à la loi suprême. Là se trouve le germe du mensonge et la source de toutes les immoralités humaines.

La liberté des réunions est une soupape de sûreté. L'oppression ou autrement dit la privation de la liberté engendre inévitablement une grande force d'expension, qui, n'ayant pas d'issue, finit toujours par briser la machine de la vie sociale. C'est là la cause des révolutions; et si la France en a traversé plusieurs, c'est précisément parce que, de tous les pays civilisés de l'Europe, c'est celui où l'on jouit le moins de la liberté, quoique ce soit en même temps celui qui ait le plus souffert pour l'obtenir. Même dans un pays comme la Russie, qui se trouve sous un régime absolu, le peuple a toujours joui et jouit encore de la complète liberté des réunions.

Les habitants des communes se rassemblent à leur gré, en nombre illimité et dans des lieux qu'il leur plaît de choisir. Ces réunions ne sont ni réglementées, ni surveillées par des gendarmes ou par d'autres fonctionnaires de police. Cependant, la Russie contient des milliers de communes qui comptent de 1000 à 5000 habitants. Et jamais personne n'a eu à se plaindre de ces réunions qui sont entrées dans les mœurs du pays, de sorte que, si l'on y touchait, des révoltes éclateraient inévitablement. Quelques uns de vous, électeurs, objecteront peut-être que cela tient au caractère du peuple, que, le caractère de vos compatriotes étant trop vif, ces réunions présenteraient du danger. Rassurez-vous; ce sont des phrases banales inventées par ceux qui ont intérêt à ne pas restituer au peuple son droit naturel.

Les observateurs consciencieux et qui ont vu beaucoup de pays vous diraient autre chose. Selon eux, au contraire, il y a peu de peuples qui se soumettent aussi facilement à toute sorte de réglementations, réclamées pour le maintien de l'ordre, que le peuple français.

Ce caractère de soumission à toute sorte de réglementations est peut-être même poussé trop loin par le peuple français.

Ainsi, répétons-nous, rassurez-vous. électeurs qui conservez des craintes au sujet de la liberté des réunions. Au contraire, cette liberté est le seul moyen d'éviter à l'avenir les révolutions ; cette liberté est une nécessité, si la France veut reprendre son rang en Europe.

C'est par la liberté des réunions que la France s'élèvera; c'est là qu'elle trempera son patriotisme et deviendra désormais invincible.

Persuadez-vous que la liberté des réunions constituerait une force mille fois plus importante que les armées, les canons Krupp et les fusils Chassepots. Tout cela était en votre pouvoir et cependant cela n'a pas empêché la France d'être vaincue et de subir trois fois l'invasion étrangère dans le courant d'un peu plus d'un demi-siècle.

Voyez ce qu'ont fait dernièrement les meetings en Angleterre.

N'est-ce pas beau de voir que le peuple par ce seul moyen change la direction de la politique de toute l'Europe pour la placer dans une voie juste et humanitaire, malgré la politique routinière et aveugle de son gouvernement, politique qui indignait le peuple. N'est-ce pas une force plus imposante que les canons ?

Voulez-vous renoncer à cette force, à cette influence morale ? Voulez-vous enfin devenir une nullité ? Si non, réclamez par toutes les voies légales *la liberté absolue des réunions.*

Reportons-nous maintenant à l'autre droit naturel dont est privée la France : c'est la liberté de la presse.

Sans la liberté de la presse, la liberté des réunions ne vaudrait pas grand'chose; il en est de même de la liberté de la presse qui sans la liberté des réunions ne pourrait jamais arriver à réaliser les principes en faits. Ces deux libertés sont indissolublement liées l'une à l'autre et ne sont que des expédients pour pouvoir jouir de la liberté de la pensée et de la parole. Tout ce qui se rattache à l'une, se rattache à l'autre. Admettez pour un instant que la liberté de la presse n'existe pas en Angleterre. Eh bien, ces meetings, dont nous vous avons parlé tout à l'heure, auraient-ils pu produire l'effet qu'ils ont produit?

Si vous vous persuadez que la liberté des réunions ne renferme pas de danger, la liberté de la presse en renferme beaucoup moins encore.

Une grande erreur serait aussi de croire que la liberté de la presse ne profite qu'à un nombre de personnes très-restreint qui s'occupent de lettres. Vous commettriez une grande faute si, en acquérant la liberté des réunions, vous restiez indifférents à la liberté de la presse.

Sans la liberté de la presse non-seulement vous ne pourrez parvenir à la solution des questions politiques, économiques et sociales, mais vous ne pourrez même pas sauvegarder le peu de liberté que vous possedez actuellement.

La liberté de la presse est un formidable levier — une voix qui retentit dans le monde entier. Pour la presse, la salle des réunions, c'est le globe terrestre. Si vous vouliez vous priver de ce levier, vous vous priveriez en même temps de tout.

Demandez la liberté absolue de la presse à la seule condition que chacun ait le courage de son opinion et signe tous ses ouvrages, tous ses articles sans exception, et qu'il soit défendu de toucher à la vie privée des personnes, comme il est défendu, dans un pays libre, de violer le domicile. Sans cette garantie on détruirait, en réalité, la loi d'égalité et on laisserait à un petit nombre d'hommes, armés de la presse, la possibilité d'empiéter sur les libertés de millions de personnes.

Résumons maintenant nos trois lettres :

1° Nous vous avons engagés d'abord à vous convaincre, électeurs, que vous tenez entre vos mains non-seulement votre propre sort et les destinées de la France, mais que vous pouvez aussi arriver à fonder une ère nouvelle et changer la face du monde.

2° Pour entrer dans cette ère, vous avez absolument besoin de revendiquer les droits naturels de l'homme dont vous êtes privés.

3° Ces droits sont :

La liberté de la parole ;

La liberté de réunions ;

La liberté de la presse ;

Le mandat impératif ;

La révocation du député manquant à son mandat.

Sans avoir obtenu ces droits, vous ne pouvez rien faire, rien réaliser. Mais n'oubliez pas que tous ces droits ne sont que des droits politiques ou les moyens de pouvoir travailler à la solution des questions économiques et sociales.

Ces dernières questions seront l'objet de nos lettres prochaines.

IV

SOUVERAINETÉ DE LA MAJORITÉ PARLEMENTAIRE

Avant de passer aux questions économiques et sociales, nous croyons qu'il ne serait pas tout à fait inutile d'exprimer notre opinion sur un des dogmes reconnu aujourd'hui comme le seul salut dans la vie politique.

Selon nous, il n'y a rien de plus funeste qu'une routine, qu'un prétendu axiôme admis comme une base solide, et que, pour cette raison, on croit hors de toutes contestations.

Pour la même raison, tout en observant différentes irrégularités dans le courant de la vie politique, on s'empresse de faire des modifications partielles qui n'aboutissent à rien, sans qu'on songe le moins du monde à remonter à la source de ces irrégularités.

Parmi ces dogmes politiques, celui qui fait le plus de mal, est sans contredit, selon nous, celui qui place au-dessus de tout *la souveraineté de la majorité parlementaire*.

Nous ne partageons pas, en effet, la véracité de cet axiôme et voilà en quels termes nous nous sommes exprimé, il y a quelque temps, à ce sujet dans une lettre adressée (*) à un éminent publiciste. Nous nous permettons de vous adresser directement aujourd'hui la partie suivante de cette lettre :

« La constitution sortie du vote de l'Assemblée n'est ni monarchique absolue, ni monarchique constitutionnelle, ni républicaine, ni aristocratique, ni démocratique ; elle ne tranche pas la question de séparation des pouvoirs ; elle n'est, non plus, du goût du président actuel, ni franchement acceptée par l'Assemblée. Cette constitution étant le produit de l'action de deux éléments différents, peut être comparée à un mulet qui est privé par la nature de la force de reproduction.

La réjouissance qu'éprouvent plusieurs organes de la presse en présence des nouvelles lois constitutionnelles ne peut s'expliquer que par la situation qui était trop tendue.

Reportez-vous à tout ce qui s'est passé.

D'abord le discours de M. Laboulaye fait espérer la victoire, mais les paroles de M. Louis Blanc font perdre la cause. On l'accable de reproches au sujet de ses imprudentes paroles, mais on l'élève, le lendemain, à la hauteur d'un héros, puisque malgré ces paroles, il vote avec toute la gauche. Le pays est sauvé ! — Est-ce vraiment sérieux ?

Il est bien triste que le salut du pays tienne à si

(*) *Voix de la Russie*, Lettres à M. de Girardin. Auguste Ghio. — Palais-Royal. — 1875

peu de chose; il est plus triste encore de voir qu'on s'égare au point de trouver tout cela naturel. Cela ne prouve-t-il pas que la science de la politique n'en est encore qu'à l'alphabet?

Après le premier succès, la majorité, n'étant d'abord que d'une voix, monte successivement. On sonne la victoire, les adversaires paraissent misérables aux victorieux. Vient après la loi sur le Sénat, tout marche comme sur des roulettes, nouveau triomphe sur des paragraphes, l'ennemi est écrasé. Hélas! le lendemain la loi est rejetée. On reconnaît que les votes de la veille n'étaient qu'une manœuvre, un mauvais tour, joué par un parti à un autre.

Pleins d'alarmes, les vainqueurs de la veille, qui jetaient déjà des regards dédaigneux sur leurs ennemis, inclinent la tête à leur tour. Mais, quelques jours après, les adversaires se tendent réciproquement les mains. La question qui les divisait dès l'origine, vient d'être tout à coup résolue. Comment? —On n'en sait rien, c'est une énigme, un secret d'État: on vote, vote et vote, le pays est de nouveau sauvé.

Ne serait-il pas plus utile, au lieu de s'occuper trop et uniquement de tous les détails minutieux de pareils incidents en leur assignant de l'importance, de débattre, en profitant de l'occasion, les questions vraiment importantes et de tâcher d'éclairer les esprits loyaux qui s'égarent dans le labyrinthe des différents systèmes et combinaisons gouvernementales, surtout de ne pas se laisser répéter dix, vingt, cent fois la même chose, c'est-à-dire les vrais principes sous différents points de vue. Frappez et l'on vous ouvrira, dit l'Écriture.

Qu'y a-t-il de changé après le vote des lois constitutionnelles ? — Positivement rien.

Les nouvelles lois n'auront leur application qu'à partir de la séparation de l'Assemblée actuelle. Mais voudra-t-elle se séparer? — Si non, tout reste alors sans le moindre changement.

Et le droit de dissolution accordé au président? nous dira-t-on. — Oui, mais il faut l'avis du Sénat qui n'existera pas avant la séparation de l'Assemblée actuelle.

Et la transmission du pouvoir présidentiel qui n'a pas été réglé jusqu'à présent ? Certes, mais il faut aussi pour cela que le Sénat existe.

Il n'y a donc rien de changé, rien de prévu dans le cas où l'Assemblée actuelle ne voudrait pas prononcer sa séparation.

La Constitution votée présentement n'a ni tête, ni pieds, ni entrailles; c'est un mannequin sans vie. Les compromis et les expédients ne créent jamais autre chose.

Supposons pourtant que l'Assemblée se sépare à la fin de la session présente ou, en tous cas, avant l'année 1880. Supposons que la nouvelle majorité ne se contente pas du don reçu par elle de l'Assemblée actuelle, ce qui est bien probable, certainement cette majorité demandera la révision. Ainsi, en présence de l'Assemblée actuelle la transmission du pouvoir n'étant pas réglée, c'est un motif d'inquiétude pour le pays. En cas de séparation de l'Assemblée actuelle, —les lois constitutionnelles n'étant que l'œuvre des manœuvres des partis—chacun espérant les tourner à son profit—l'agitation recommence. Nous ne voyons qu'une chose de changée, c'est que les adversaires, par leur manœuvre, ont changé le champs de bataille et ont choisi un terrain plus accidenté, plus masqué. Quand comprendra-t-on enfin qu'il ne faut jamais accepter ni les expédients, ni les compromis, lors même qu'ils tournent au profit de nos désirs?

Une solution sur n'importe quoi est une dette à acquitter. L'expédient, au lieu d'une solution, c'est un payement remis, dont le montant s'augmente d'intérêts exorbitants. Chaque expédient aura son expiation, c'est la loi suprême de la nature. La vie morale est subordonnée à la même loi de la nature que les fonctions physiques. Une transgression à la loi de la nature dans le domaine des faits moraux, amène un mal, de même qu'une transgression dans le domaine des faits physiques.

Ne pensez pas cependant que nous accusons trop les hommes.—Non! La faute, mettant de côté les intrigants et ceux qui ne sont mus que par des intérêts personnels,—la faute en est à la science. C'est précisément à cause du brouillard qui y règne et qui égare les hommes consciencieux, que les intrigants ont le moyen d'agir, de tenir tout en échec et, bien souvent, de disposer du sort du pays.

Admettons que les intrigants, que les hommes qui se couvrent des principes pour mieux cacher leurs véritables mobiles, — les intérêts personnels, — que ces hommes indignes soient dévoilés, — ce qui, par parenthèse, serait un acte de courage civil qui rendrait un grand service à chaque pays, mais que nous ne voyons guère apparaître, — admettons, disons-nous, que ces hommes n'aient plus aucune influence sur les affaires. Croyez-vous qu'alors les hommes consciencieux, les hommes véritablement hommes de principes, puissent s'entendre? Non, ils ne s'entendront pas non plus, à cause des défauts qui règnent dans la science politique.

Les partisans de la monarchie absolue, de la monarchie constitutionnelle, de la monarchie absolue en union avec le suffrage universel, ainsi que ceux de la république, tous ont raison et tous ont tort. Ce qui les désunit, ce sont, répétons-le, les vices de la science politique.

Si cette science politique était une science indiscutable comme les mathématiques, si, à l'exemple de cette dernière, elle avait trouvé des formules générales pour toutes les questions importantes, il n'y aurait qu'à les appliquer dans chaque cas particulier, et alors les monarchistes de toutes sortes et les républicains de toutes nuances, à condition qu'ils soient des hommes consciencieux, pourraient toujours s'entendre franchement.

Si quelqu'un il y a une trentaine d'années, se fût hasardé à soulever, dans le domaine de la science politique, la question de l'organisation des pouvoirs publics, n'aurait-il pas été accueilli par des railleries ? — Car ces prétendus savants considéraient cette question de science politique comme déjà trop débattue et parfaitement résolue. — Mais les événements du dernier quart du siècle ont complétement démenti ces prétendus savants et ont démontré que la science politique n'en est pas même encore à son berceau, qu'elle n'est encore qu'à l'état de germe.

Nous soutenons que, ni l'Amérique, ni l'Angleterre, ni la Suisse, ni la Belgique n'ont encore donné aucune solution complète qui puisse entrer dans la science comme une formule inébranlable. S'il en était autrement, la France s'en serait servie.

Le fait est que ni l'un ni l'autre de ces modèles, accidentellement ou par la force suprême des choses, ne s'applique à la France. Celle-ci imagine, à tout propos, de nouvelles combinaisons pires que ce qui existe, mais elle ne s'arrête pas à ce qui ne peut donner satisfaction et équilibre à tous les partis intéressés, — nous entendons par ce mot : « partis intéressés, » — les gouvernés, l'exécutif et le législatif.

Que Dieu nous garde d'accuser la France à ce propos et de la taxer du titre de nation peu habile. Au contraire, cela prouve le bon sens du peuple : il cherche, il frappe à la porte, — elle s'ouvrira, et il trouvera ce qu'il lui faut.

Revenons à la question.

Nous soutenons :

1. Que la prétendue séparation des pouvoirs n'existe nulle part ;

2. Que les rôles des pouvoirs ne sont pas déterminés ;

3. Qu'on applique au pouvoir prétendu législatif un rôle qui ne lui convient pas ;

4. Que ce pouvoir ne songe pas à remplir le véritable rôle qui lui est dû ;

5. Que le pouvoir exécutif est trop fortement enchaîné et, par conséquent, toujours porté, d'une manière ou d'une autre, à se débarrasser des entraves et à s'étendre, ce qui constitue un danger et en même temps une peur du pouvoir législatif et du pays ;

6. Partant du principe de l'équilibre des pouvoirs, au lieu de les équilibrer, on les paralyse ;

7. En réalité, par la raison que tout est faux dans les organisations faites ainsi, il arrive nécessairement — pour que les fonctions gouvernementales marchent tant soit peu régulièrement — que l'un des deux pouvoirs asservit l'autre ;

8. Si l'un n'asservit pas l'autre, conflit, agitation

se communiquant à tout le pays, et qui se termine par un coup d'État ou une révolution pour recommencer la même chose.

Ce qui est le plus grave dans la question que nous traitons, c'est que, jusqu'à présent, on ne sait pas exactement quel rôle doit être attribué au pouvoir législatif, ainsi qu'au pouvoir exécutif. Le législatif est considéré tantôt comme une limite au pouvoir exécutif, tantôt comme une souveraineté nationale. L'exécutif, de son côté, est considéré tantôt comme un pouvoir indépendant, tantôt comme un délégué du législatif. Un faux point de vue amène de fausses déterminations : exécutif et législatif. En donnant plutôt le titre de pouvoir gouvernant à l'un, et de pouvoir contrôlant à l'autre, ne comprendrait-on pas mieux à quoi on devrait viser dans le système de l'organisation des pouvoirs ?

Mais, avant tout, il serait nécessaire de s'entendre sur le mot : « loi ». Dans notre première jeunesse, avant que nous ne commencions à connaître et à suivre ce qui se passait dans les assemblées législatives, nous considérions la loi comme une chose devant avoir une certaine durée, comme un principe, une règle arrêtée pour les rapports entre les gouvernés eux-mêmes ou entre les gouvernés et le pouvoir. Mais aussitôt que nous avons appris ce qui se faisait dans les assemblées dites législatives, nous avons cru un instant que nous nous étions trompés. Cependant, nous avons préféré conserver notre point de vue primitif, et, arrivé maintenant à l'âge de la vieillesse, nous n'avons jamais pu comprendre et nous ne comprendrons jamais qu'on puisse classer dans l'ordre des lois ce qui nous paraît être non pas même du domaine des dispositions ministérielles, mais tout simplement des dispositions dues aux employés subalternes.

La plupart des États, à l'exception peut-être de l'Angleterre, ont la manie de faire des lois à tout propos et de tout réglementer.

Dans le fait, que doit représenter la loi? — Une formule bien pesée, bien méditée, d'un usage acquis antérieurement, ou d'un certain ordre éprouvé dans la pratique, lesquels sont reconnus bons et, par conséquent, doivent subsister jusqu'à ce que le progrès y exige de modification.

Les Anglais n'introduisent de nouvelles lois qu'avec une grande prudence; ils ont peur de porter atteinte à leurs usages ou à quelques consciences. Il vaut mieux ne pas avoir de loi que d'en avoir une mauvaise, ou une loi qui gêne et attaque la conscience.

Plus il y a de lois, plus cela démoralise le pays. — Chaque loi qui n'est pas la formule d'un usage général — délie la conscience. En se portant au cadre des lois qui régissent les rapports des particuliers, on observe, que plus il y a de lois, plus il y a de procès; tandis qu'on croit arriver par la multiplication des lois à un résultat contraire. Les lois ne profitent qu'aux hommes de mauvaise foi : eux, ils les étudient pour tendre des piéges aux autres.

Nous avons la croyance qu'à l'avenir on comprendra que le principe de la loi est antichrétien, parce que ce principe renie la consciensce sur laquelle est basé le christianisme.

Dans certains pays, on abuse tant des lois que nous ne serions pas surpris d'entendre à l'avenir : « A bas la loi ! » au lieu d'entendre : « A bas le roi ! »

Entre le principe qui mène à des milliers de lois et à toutes sortes de réglementations de la vie humaine, principe qui a son point de départ dans la négation de la conscience, et le principe d'une unique loi, ou d'une unique et suprême vérité, qui est conçue sous cette formule : *Aime ton prochain comme toi-même et ne lui fais rien de ce que tu ne voudrais pas qu'on te fît*, formule qui découle de la loi suprême, constituant l'équilibre du monde : *Liberté* — lequel des deux principes aura le dessus dans l'avenir, nous n'avons aucun doute à ce sujet.

Nous vous demandons pardon de toutes ces réflexions que nous avons faites depuis bien longtemps et qui sont venues ici à propos.

Ainsi la grande erreur commence dans la conception même du mot « loi ». Cette erreur a fait que les corps dit législatifs sont devenus, non des corps législatifs, mais des corps gouvernants, dirigeants et administratifs, ce qui est synonyme d'exécutif, car la signature des paperasses, la seule besogne qui reste à l'exécutif, n'est pas la fonction qu'on attend de lui en général. La conclusion logique de la théorie actuelle, c'est que le pouvoir exécutif n'est, au fond, autre chose que la police. Si l'on entend ainsi les attributions de ce pouvoir, qu'on le déclare hautement, qu'on ne proclame plus le grand principe de la séparation des pouvoirs qui doivent se faire équilibre entre eux. Tout le monde saura alors qu'il n'y a au fond qu'un seul pouvoir ayant la police sous ses ordres.

La fausse interprétation de la signification des lois, qui règnent actuellement, engendre tous les imbroglios dans les attributions et les rapports des pouvoirs publics.

Ce qui, comme nous l'avons dit plus haut, ne devrait être souvent qu'une disposition d'un employé subalterne, est considéré comme une loi qui doit recevoir la sanction d'un corps ou de deux corps législatifs. Par cette raison, la séparation des pouvoirs, dans le fait, n'existe pas. Le pouvoir exécutif est gêné à chaque instant, il n'a pas même le droit de porter les dépenses d'un article à un autre.

Ainsi le législatif remplit le rôle de l'exécutif au lieu d'être vraiment un corps législatif, et il n'a même pas la notion qu'il doit être le véritable contrôleur. L'exécutif, à son tour, au lieu de diriger les affaires du pays, de surveiller les intérêts des particuliers et au lieu de gouverner, est absorbé par les préoccupations de faire voter les prétendues lois, lesquelles l'année prochaine, même plus tôt, ne vaudront peut-être plus rien et ne serviront plus à rien. Actuellement le rôle des corps législatifs, comme nous l'avons dit, est le rôle des corps d'État qui dirigent, gouvernent et administrent.

L'expérience démontre en général qu'un gouvernement collectif est un mauvais gouvernement, parce qu'il exclut toute responsabilité personnelle, traîne les affaires en longueur, perd son temps dans des discussions stériles, et arrive bien souvent à des solutions illogiques, précisément par la raison que ses décisions n'impliquent aucune responsabilité personnelle et ne s'appuient pas sur la raison, mais sur le nombre, ce qui n'est qu'accidentel.

Si l'on rencontre des exceptions et qu'il se trouve des gouvernements de ce genre, qui gouvernent avec un certain succès, c'est que, de deux choses l'une : ou à côté du pouvoir collectif se trouvent d'autres fonctions qui corrigent le vice originel dudit gouvernement, ou que ce mode de gouvernement ne s'applique qu'à de petits territoires où tout le monde se connaît.

Veut-on nous citer l'Amérique ?

Soit ! mais l'Amérique est le seul pays où l'on rencontre, dans son principe, l'idée de la séparation des pouvoirs. Cette idée se trouve renfermée en ce que le président représente non un délégué du pouvoir législatif, mais un pouvoir indépendant et gouvernant avec des ministres pris hors du corps législatif. Ensuite, l'Amérique, constituant des États-Unis — quelles y sont les attributions du pouvoir central? Sont-elles les mêmes que dans les États européens? Certainement non, et personne ne s'avisera de soutenir le contraire. Son principal rôle ne consiste-t-il pas à surveiller et à sauvegarder, pour ainsi dire, les contrats passés entre les différents États de l'Amérique et l'Union même et de garantir l'existence de cette Union? En outre, les Américains jouissent de la liberté de la presse, liberté qui est susceptible de corriger et de compenser tous les défauts de l'organisatiou des pouvoirs.

Nous soutenons cependant que la ligne de démarcation des deux pouvoirs n'y est pas bien tranchée; que le pouvoir législatif, en Amérique, n'est pas purement législatif, mais qu'il est, en même temps, un pouvoir gouvernant et administratif.

Et si ce gouvernement fonctionne avec un certain succès, il faut attribuer cela aux motifs que nous avons mentionnés.

Passons maintenant à l'Angleterre. En Angleterre, la séparation des pouvoirs, étant en principe résolue par l'origine différente des deux pouvoirs, est, dans le fait, moins prononcée que partout ailleurs.

Le ministère n'est qu'un délégué du législatif. Le roi ou la reine n'est qu'un juge vérificateur entre son ministère et le législatif. En Angleterre, le pouvoir est collectif; néanmoins le gouvernement fonctionne, ainsi qu'en Amérique, avec succès.

Cela s'explique : D'abord, par la circonstance que c'est l'aristocratie qui donne le mot d'ordre, et cette aristocratie est une vraie aristocratie, composée d'hommes probes, éclairés et indépendants traditionnellement à cause de leurs fortunes, condition découlant du principe d'organisation de cette classe de la société; — l'Angleterre présente donc une particularité qui ne peut servir d'exemple à aucun État du monde. Puis, par la raison que le chef du cabinet, étant toujours l'expression vraie de la majorité gouvernante, tant qu'il la garde, possède en pratique une liberté d'action assez large.

Nous nous permettrons d'ajouter ici, non comme une preuve, mais comme un corollaire, notre observation personnelle. Il nous paraît qu'un Anglais, dans la pratique et aux affaires, tout en reconnaissant le principe de la majorité, ne le considère autrement que comme une concession faite à l'opinion publique; son esprit n'est pas asservi à ce dogme, il ne le place pas dans l'auréole d'une vérité éternelle et suprême, il s'ensuit que dans la pratique, ce dogme, ayant reçu peut-être sa formule pour la première fois en Angleterre, n'y apporte pas néanmoins tant de malheurs qu'il en amène ailleurs. En outre, les Anglais de même que les Américains, jouissent de la liberté de la presse qui, comme nous l'avons dit, rectifie et compense tous les défauts de l'organisation gouvernementale et exerce en Angleterre une pression morale et efficace sur toutes les institutions de l'État, ainsi que sur les institutions particulières.

Faut-il parler de la Suisse et de la Belgique ? Ces États, par leur très-petite étendue territoriale et par d'autres raisons, ne peuvent servir d'exemples.

En Suisse, le pouvoir exécutif personnel n'existe pas. Et à cause d'une décentralisation poussée jusqu'à la dernière limite, le gouvernement central n'a presque rien à faire.

Dans les cantons, nous ne voyons pas non plus un pouvoir exécutif personnel ; l'exécutif est collectif, et chaque chef de la branche qu'il administre est assez libre dans l'exercice de sa fonction et ne se trouve pas dans la nécessité d'aller à chaque instant demander aux députes du canton le vote des lois. D'ailleurs, les assemblées de députés ne siégent que peu de temps. N'oublions pas que la Suisse jouit aussi de la liberté de la presse.

En Belgique, le pouvoir exécutif se trouve dans le même cas qu'en Angleterre. Et s'il manque une vraie aristocratie territoriale traditionnelle, il s'est formé une aristocratie industrielle, commerciale et financière qui tient tout dans ses mains, qui est unie et qui donne le mot d'ordre. En outre, le pays étant très-petit et sillonné dans toutes les directions par des communications nombreuses et rapides, le peuple étant, comparativement, très-instruit, tout cela constitue que le gouvernement, en Belgique, n'a presque rien à faire. Enfin, le pays jouit aussi de la liberté de la presse.

Nous avons cité ces pays parce qu'ils passent pour les pays les mieux gouvernés. Qu'avons-nous observé ? Dans aucun de ces pays, la prétendue séparation des pouvoirs n'existe de fait.

Il s'ensuit que ces pays sont gouvernés par des pouvoirs uniques, par conséquent despotiques ; de plus, ce despotisme est collectif, conséquemment irresponsable, lequel est beaucoup plus à redouter qu'un despotisme unipersonnel, conséquemment responsable.

Mais comme rectifications à ce défaut, outre les particularités appartenant à chaque pays, on observe une loi générale : *la liberté de la presse*, qui constitue le véritable salut de ces pays.

Nous ne comprendrons jamais l'heureuse sécurité que procure un gouvernement de parti. Cependant, un gouvernement collectif est toujours tel. Les fâcheuses conséquences de ce système sont bien graves :

1. Avec un gouvernement de parti, le glaive de la révolution est toujours suspendu sur le pays. C'est

un hasard qu'en Angleterre il n'existe actuellement que deux partis, qui se balancent à peu près et qui y gouvernent alternativement.

Admettez qu'un seul parti restât constamment au pouvoir, une révolution éclaterait inévitablement. C'est le cas en Belgique, où il n'existe aussi que deux partis, qui gouvernent alternativement. En Amérique et en Suisse, les différents partis trouvent une issue dans les constitutions particulières des États et des cantons.

2. Le gouvernement de parti démoralise le pays, le pouvoir législatif et le pouvoir exécutif.

Dans l'origine, le plus grand nombre des particuliers n'est d'aucun parti, cela leur est indifférent. Mais en voyant les partis dans le gouvernement, en voyant que l'un d'eux peut gouverner le pays à son profit, on finit involontairement par se rallier à un parti ayant en vue les emplois et, en général, les faveurs du parti qui gouverne ou qui viendrait à gouverner plus tard.

Les assemblées, de leur côté, sont forcées de se livrer à toutes sortes d'intrigues directes et indirectes, et à la corruption d'autrui, les uns pour conserver la majorité et leur position, les autres pour l'acquérir. Ce n'est pas un gouvernement pour gouverner le pays, ce n'est qu'une lutte qui absorbe tout les temps et tous les talents.

Le pouvoir exécutif, étant, par exemple, disposé à

gouverner, non au profit d'un parti, mais au profit de tout le pays, ne l'oserait pas, et ne voulant pas trahir sa conscience, se trouve dans la nécessité d'arriver à quelques bons résultats également par la voie des intrigues. En outre, par une raison très-compréhensible, ce pouvoir se trouve forcé de faire toutes sortes de manœuvres pour se garantir par une majorité décisive, afin de pouvoir agir avec plus de liberté, et par-dessus tout, cette voie des intrigues et des manœuvres ouvre une porte large à la carrière des hommes de mauvaises intentions.

3. Le gouvernement de parti implique nécessairement le changement perpétuel des ministères. D'abord, est-il possible de trouver assez d'hommes capables, intelligents, instruits, probes, fermes, diligents, qu'absorbent ces changements? Puis, admettons même qu'ils réunissent tous et toujours ces qualités, peuvent-ils faire quelque chose d'utile dans le peu de temps qu'ils se trouvent à la tête des ministères? Sont-ils appréciés par leurs actes de bonne administration ou par les économies des dépenses que chacun pourrait réaliser dans son domaine? — Non! ils ne sont appréciés que d'après leur dépendance d'un parti ou d'un autre. Il s'ensuit que les ministres sont indifférents au bonheur de leur pays et ne pensent qu'à être agréables à leur parti.

On ne peut comparer un ministre qui conduit son

ministère au cocher qui conduit ses chevaux. Le rôle d'un cocher est, à peu près, celui d'une machine; un ministre ne peut être une machine; cependant le régime du gouvernement de parti lui fait jouer ce rôle. La conséquence de ce vice originel est que personne n'a ni motif, ni énergie, ni temps à étudier l'administration à fond et de s'en rendre compte : n'y aurait-il pas moyen, au lieu d'avoir dans telle ou telle branche, 1,000 employés, de n'en occuper que le quart; au lieu des centaines de mille feuilles de paperasses d'expédition ou de réception, de n'en avoir qu'une dizaine; au lieu d'arriver à l'assemblée avec une demande d'augmentation du budget ou avec une mince réduction de quelques 100,000 francs, y arriver avec une réduction de dizaines de millions? Cependant, les budgets actuels écrasent les nations, et si, dans peu de temps, on n'arrive pas à les diminuer considérablement, on doit s'attendre que ces coupures seront forcées par des révolutions.

Cette masse de ministres qui passent sur la scène, n'ayant ni le temps, ni les moyens, ni les motifs de faire ce qu'ils devraient faire, que font-ils ? — Ils signent des milliers de paperasses et parcourent à la hâte certains documents pour prendre connaissance, si peu que ce soit, avec telle ou telle question qu'ils doivent défendre ou expliquer à l'assemblée à propos d'une interpellation ou d'une prétendue loi à voter. Administrent-ils le pays ? — En réalité, non !

De quoi dérivent toutes ces conséquences ? — Du régime des gouvernements de parti.

Aujourd'hui, dans la plus grande partie du monde. on ne trouve pas, pour avoir raison, d'autre principe que le nombre. Nous ne le repoussons pas absolument, mais chaque chose doit être appliquée à sa place. Cependant ce mode est souvent employé là où il est plutôt nuisible qu'utile, même à ceux qui y participent.

Il y a une autre base que la majorité pour avoir raison — c'est l'esprit de la vérité qui aura toujours raison et qui acclamera toujours toutes les vérités traduites en faits. Beaucoup de personnes sympathisant avec la vérité, néanmoins, quand il s'agit de se prononcer par un bulletin, votent souvent contre leur conscience, soit par manque de courage de leur opinion, soit par indifférence, ou croyant mieux servir leurs intérêts personnels.

Et cette base existe. Ce serait une accusation imméritée de l'esprit humain, de la raison, de la logique, du bon sens, de la vérité elle-même et de l'humanité tout entière, que de croire que ladite solution est introuvable dans la pratique et qu'il faut se reconcilier avec un principe qui révolte la conscience.

Plus nous avançons dans la vie, plus nous apprenons par l'expérience, plus nous méditons et plus notre conviction s'affermit pour condamner sévèrement le dogme politique pernicieux de la souveraineté de la majorité parlementaire qui règne actuellement.

Tout en rendant justice à la Constitution américaine, qui renferme la notion de la séparation des pouvoirs, nous ne pouvons ne pas reconnaître qu'en Amérique, aussi bien qu'en Europe, on n'a pas encore aperçu clairement les effets pernicieux du dogme de la souveraineté de la majorité parlementaire.

Si le régime américain était vraiment irréprochable, pourquoi n'a-t-il pas, en plein XIXe siècle, amené une solution raisonnable de la question des esclaves, mais, au contraire, a soulevé une formidable révolution qui a coûté la vie à 300,000 hommes, a fait retirer 3,000,000 d'hommes de leur travail pendant quelques années, et a occasionné une dépense de plus de 60 milliards de francs ?

Si l'on calcule ce qu'il aurait fallu dépenser pour le rachat des esclaves, on n'arriverait pas au quart de cette somme et des pertes faites. N'est-ce pas là une preuve concluante contre le régime existant ? Cependant, dans un autre pays, quelques années avant cet acte américain, on a libéré plus de 20 millions de serfs en leur accordant de la terre, serfs, qui se trouvaient attachés aux seigneurs par des rapports infiniment variés, ce qui rendait le problème beaucoup plus compliqué et la solution extrêmement difficile. Néanmoins cette libération s'est réalisée paisiblement et sans qu'il en coûtât quelque chose au trésor.

Ces deux faits grandioses, qui se sont réalisés si différemment dans les deux grands pays, ne doivent-ils pas attirer l'attention et la méditation des penseurs? Serait-ce du temps perdu que d'en rechercher les causes? — Nous ne le pensons pas.

Nous adresserons maintenant quelques paroles aux républicains consciencieux, désirant vraiment le bonheur de leur pays.

Que voulez-vous?

Une assemblée, aussi nombreuse que possible, gouvernant le pays, et un président issu de cette assemblée, exécutant strictement la volonté de la majorité. Eh bien, c'est vouloir le despotisme de la majorité parlementaire. Nous ne dirons rien de la seconde Chambre qui, si elle existe, ne change en rien « le dogme de la majorité ».

Que donnez-vous au pays en retour?

La consolation que cette assemblée est son œuvre. Soit! — mais en conscience, dans la réalité, — tel gagnant sa vie par un travail de toute la journée dans les champs, tel autre dans les ateliers, tel autre dans les mines, etc., savent-ils et peuvent-ils connaître la conscience, les capacités et les qualités de la personne pour laquelle on les invite à voter? Sérieusement, cela peut-il consoler, et cela console-t-il les électeurs?

Que d'assemblées se sont succédé en France! Il y en a eu de toutes nuances. Eh bien, les majorités de ces assemblées ont-elles pensé à leurs électeurs et à leur rendre ce qui leur appartient du droit naturel de l'homme, ce qui constitue sa distinction de l'animal, — *la liberté de la parole?*

N'est-ce pas une accusation flagrante contre ces majorités?

L'histoire ne vous enseigne-t-elle pas que les majorités sont inertes et médiocres?

Il s'ensuit que vous rêvez le règne de la médiocrité. Vous ne donnez aucune part au génie de l'esprit individuel, vous le foulez aux pieds, vous l'écrasez et vous ne reconnaissez même pas qu'il a aussi son droit.

Croyez-vous fonder avec ce principe quelque chose de durable? — Erreur! — vous êtes en contradiction avec vous-mêmes, et pour cela, tant que vous nierez le droit de l'esprit individuel, vous aurez tort envers vos adversaires.

Si vous voulez gagner votre cause, si vous ne voulez pas voir revenir le despotisme unipersonnel, ne créez pas le despotisme polypersonnel, qui est beaucoup plus redoutable.

A leur tour, nous dirons aux monarchistes : Si vous ne voulez pas voir arriver le despotisme polypersonnel, ne réclamez pas le despotisme unipersonnel ; accordez au pays le droit de contrôle véritable et rendez à chaque individu son droit naturel : *la liberté de la parole.*

Nous croyons qu'il est temps de commencer à ébranler le principe de la souveraineté de la majorité parlementaire. Supposez que M. Thiers, au moment d'accepter le pouvoir, n'ait pas été sous la domination dudit principe, et qu'au lieu de se reconnaître comme exécuteur de la volonté de la majorité, il eût imposé son programme et eût demandé une certaine initiative, une certaine liberté d'action qui ne l'eût pas obligé à aller solliciter à tout instant l'autorisation de l'Assemblée. S'il n'avait accepté le pouvoir qu'à ces conditions, croyez-vous qu'on les lui aurait refusées à cette époque ? Nous ne le croyons pas. Malheureusement, par cette fâcheuse domination dudit principe sur son esprit, celui-ci ne lui a pas soufflé la direction de la vraie route, et cela a été la cause de sa chute. Certainement, M. Thiers s'est acquis le titre d'un grand citoyen, d'un véritable homme d'État, mais il a manqué de devenir le fondateur du bonheur de son pays et peut-être d'une grande partie du monde. En un mot, il a manqué de devenir l'homme de l'époque, et de soustraire ce titre à un autre, qui ne l'a acquis que par le fer, le feu et le sang, — forces sociales inopportunes, conséquemment donnant des résultats peu durables.

Partisans du principe de la majorité, vous vous inclinez devant le génie et les talents des artistes, des chanteurs, des acteurs, des savants, des auteurs, des inventeurs de tous genres ! — Pourquoi ne voulez-vous pas reconnaître que l'art de gouverner et d'administrer est vraiment un art, une science? — Pour gouverner et administrer, il faut peut-être avoir plus d'art et plus de connaissances que dans les autres branches — le premier venu ne peut pas diriger les affaires d'un pays et les intérêts de millions d'êtres humains.

D'après votre principe, ce sont les médiocrités collectives qui doivent gouverner, ayant à leur service des médiocrités serviles.

Le vrai talent, le véritable homme d'art ne peut accepter cette humiliation, ni compromettre ainsi la vérité. Si un tel homme arrive quelquefois au pouvoir, il finit, ou par s'éloigner bien vite, ou par sortir de cette position humiliante en rompant les liens qui l'empêchent de se mouvoir.

Il existe toujours de ces talents, de ces esprits, de ces génies qui répondent au besoin de l'époque ; seulement, il ne faut pas leur barrer le chemin, il ne faut pas les asservir, mais il faut imaginer pour eux une pierre de touche et constituer les choses de manière qu'ils s'aperçoivent avoir un champs d'action assez large.

Le but principal de notre lettre était de porter l'attention des lecteurs sur le principe de la souveraineté de la majorité parlementaire, dogme admis généralement, mais qui est néanmoins la source des malheurs de l'époque actuelle. Nous dirons de plus, que c'est un principe immoral et que, par conséquent, il participe grandement à la démoralisation des esprits et des caractères.

Ce principe, facilitant la possibilité d'opprimer la raison, la place au-dessous des intérêts personnels et particuliers, et sert principalement à ces derniers. C'est ainsi qu'il devient possible de comprendre pourquoi l'on tient tant à ce principe, le décorant du titre de principe libéral, titre dont on se sert à tout propos pour trancher n'importe quelle question, sans faire attention que la liberté, étant une loi générale, doit être générale, réciproque et non exceptionnelle. »

Aucun homme sérieux ne saurait se dissimuler que la France ne traverse en ce moment une phase politique d'une importance extrême.

Lorsqu'on songe aux révolutions et aux coups d'État qui se sont succédés depuis si longtemps, lorsqu'on songe aux luttes de la dernière Chambre, ainsi qu'à l'attitude de celle qui lui a succédé, on se dit qu'il y aurait péril à marcher dans la même voie et que les anciennes doctrines politiques ont fait leur temps.

Aujourd'hui, il faut que chaque Français soit bien convaincu que les malheurs de la dernière guerre ne sont pas venus anéantir la France, mais l'éveiller. Une fois éveillée, la France doit choisir entre deux routes : ou bien se mettre à la tête de toutes les nations en prenant l'initiative d'une vie nouvelle, réclamée impérieusement par l'humanité, ou bien suivre l'ancienne route pour devenir nullité.

Que, désormais, la France ne songe plus à la guerre, qu'elle ne pense plus à la revanche en versant des torrents de sang; mais qu'elle arbore un drapeau nouveau portant cette inscription : *Bonheur de tous,* bonheur qu'on ne pourra atteindre sans embrasser d'abord la doctrine de la *Foi dans le bien*, foi qui, en élevant le moral, crée une force beaucoup plus influente que les canons. La *Foi dans le bien* amènera la liberté réelle, c'est-à-dire l'ordre qui développera le travail productif lequel donnera le bien-être; celui-ci généralisera et élèvera l'éducation. L'union de tous ces éléments constituera une force invincible qui s'imposera à toutes les nations.

La question ne se réduit pas aujourd'hui à fonder tel ou tel gouvernement, mais ce dont il s'agit, c'est d'entrer dans une ère nouvelle. C'est dans le moral et non dans la politique qu'il faut chercher l'essence même de la question actuelle.

Le principe sur lequel se basent aujourd'hui toutes les institutions et toutes les politiques, est, comme nous l'avons déjà dit, la *méfiance*. Il faut changer ce principe et le remplacer par un autre : *Confiance* ou *Foi dans le bien.*

La France est actuellement au bord d'un abîme. Cet abîme a été creusé par les divers partis politiques. Ce sont les partis politiques qui ont perdu la Pologne, ils perdront aussi la France, si elle ne leur impose silence.

Plus de règne des partis, il faut désormais que tous les électeurs tendent vers un seul but : le règne de la probité, de l'intelligence et de la liberté réelle, c'est-à-dire de celle qui permet à chaque citoyen d'user de tous ses droits naturels.

Utopie ! vous dira-t-on. Nécessité pressante et immanquable, répondrez-vous ; car le monde est las des principes contraires. Laissez dire les hommes qui crient toujours à l'utopie dès qu'il s'agit de réaliser une vérité jusqu'alors inusitée ou abandonnée. Ces cris sont les produits de la médiocrité, de l'incapacité ou de la mauvaise foi. Ces hommes, n'ayant pas *Foi dans le bien*, font le malheur du monde et arrêtent tout progrès.

Marchez résolûment, sans hésitation, vers l'idéal du vrai et du bien, et vous l'atteindrez facilement. Soyez assuré que la *Foi inébranlable dans le vrai et dans le bien* amènera forcément le règne de la liberté et de l'intelligence, le bien-être général et l'instruction.

Est-il possible d'éviter la lutte entre les partis ? Non, assurément; mais les électeurs peuvent réduire les partis au silence en formant un seul parti, celui des patriotes.

Si la France ne met pas un frein moral aux partis, elle périra.

Tant que les soi-disant libéraux ne comprendront pas que l'intelligence est supérieure au nombre, tant qu'ils ne reconnaîtront pas certains droits de l'esprit individuel en politique comme ils l'admettent dans la science, et tant qu'ils ne lui accorderont pas la liberté qu'ils réclament pour tous, ils n'atteindront jamais la liberté réelle.

D'un autre côté, tant que les soi-disant conservateurs ne reconnaîtront pas que la nation a le droit de contrôler d'une manière sérieuse et efficace son gouvernement, tant qu'ils ne comprendront pas que l'ordre n'est que la suite de la liberté absolue de la parole, ils n'atteindront jamais la stabilité ni dans le gouvernement, ni dans aucun principe social.

V

DROIT AU TRAVAIL ET LE MINIMUM DU SALAIRE

Dans nos lettres précédentes nous avons attiré votre attention sur la nécessité urgente d'obtenir: 1° *le droit de mandat impératif*, afin de pouvoir établir un gouvernement répondant aux besoins de l'époque; 2° la liberté absolue des réunions, *de la parole et de la presse*, afin d'être toujours à même de vous éclairer et de vous entendre.

L'obtention de tous ces droits ne serait, cependant qu'un moyen de marcher vers le but réel.

Ce but est d'arriver à la vraie liberté, c'est-à-dire à cet état de choses, qui permettent à chaque individu d'atteindre par son travail une indépendance au point de vue matériel, car sans cette indépendance la liberté personnelle est purement illusoire.

Y a-t-il moyen d'arriver à réaliser cette espérance? — Oui!

Ce moyen vous l'a-t-on démontré jusqu'à présent? — Non!

Pourquoi ne vous l'a-t-on pas démontré?

Parce que ce moyen a été jusqu'à présent inconnu. Il y a déjà plus d'un siècle que les penseurs, sentant le besoin d'une régénération sociale, vous ont indiqué nombre de différents moyens, les uns plus absurdes que les autres.

Tantôt on croyait trouver la solution de la question sociale dans le droit au travail et dans les ateliers nationaux, tantôt dans le minimum du salaire, tantôt dans le communisme.

Aujourd'hui on croit avoir trouvé cette solution dans les sociétés coopératives.

Cette dernière prétendue solution n'est qu'un palliatif, et un palliatif très insignifiant lequel, pris dans sa dernière limite, devient une absurdité complète; ce que nous démontrerons plus loin. — L'expression : « *pris dans sa dernière limite* » vous paraîtra peut-être incompréhensible; nous allons essayer de vous l'expliquer : Quand on veut se rendre compte si telle ou telle chose est vraie, le meilleur moyen est de la porter à sa dernière limite de minimum ou de maximum, et si dans ces limites elle est vraie, il ne reste plus aucun doute qu'elle ne le soit toujours. C'est de ce même procédé de démonstration qu'on se sert dans la science des sciences — les mathématiques — science qui plane au-dessus des errements de l'esprit humain.

Depuis près d'un siècle on agite votre esprit sans vous donner aucune solution. Les espérances continuellement trompées, le brouillard au-delà duquel on n'aperçoit même au loin rien qui puisse soutenir les forces morales de l'homme amènent naturellement un état d'exaspération, état qui, tout en rendant l'homme malheureux, présente en même temps un danger pour la société. Aujourd'hui il devient d'une importance et d'une urgence suprême de démontrer à la société où se trouve la vraie solution de la question sociale pour qu'on puisse enfin apercevoir la route qui conduit réellement au but.

La société actuelle peut être comparée à un vaisseau qui flotte en pleine mer n'ayant pour tout guide qu'une boussole défectueuse; le capitaine se trompe lui-même et trompe par conséquent les voyageurs qui s'aperçoivent cependant que le vaisseau marche sans aucune direction; capitaine et voyageurs, tous sont presque au désespoir. Il leur faut une bonne boussole, il ne leur faut que cela pour retrouver leurs forces morales. La société elle aussi a besoin de cette boussole qui lui manque absolument.

Passons maintenant en revue toutes les fausses théories avec lesquelles on embrouille depuis si longtemps votre esprit.

Droit au travail! — Qu'est-ce que ce droit? Qui a jamais contesté à l'homme le droit de travailler? Ce n'est donc pas du *droit au travail* qu'il s'agit, mais de l'obligation de la part de la société ou de son représentant, l'État, de procurer du travail à l'individu, obligation transformée en une loi positive.

Il est vraiment difficile de s'expliquer comment la question *du droit au travail*, comment une pareille absurdité a pu être non-seulement partagée par des milliers de personnes, mais encore être traîtée sérieusement à l'époque de la révolution en 1848. On ne pourrait l'expliquer que par ce malheureux esprit de réglementation qui croit pouvoir s'étendre sur tous au dépens de la loi suprême de la liberté, et qui a pris son origine dans les principes de la vie romaine.

Que la société eut dû être organisée de manière à ce que l'individu ne manquât pas de travail, ceci est logique, naturel et facile à réaliser. Mais faire de l'État un tuteur dont la préoccupation constante serait de procurer directement du travail à chaque individu, est une théorie à peine excusable pour l'esprit d'un enfant. Si vos représentants au lieu de s'arrêter à des questions futiles, pareilles à celles de la *décharge sur les tombeaux*, songeaient plutôt à chercher des ressources pour le développement du travail productif, ils garantiraient ainsi aux individus ce dont ils ont essentiellement besoin.

Quelle a été la conséquence inévitable de l'absurde théorie *du droit au travail ?* La mise en pratique de cette autre absurdité : les ateliers nationaux — folie sans nulle autre pareille et qui constitue la ruine de la vie économique et, par conséquent, celle de la société. Comment expliquer aussi qu'au lieu de protestations énergiques contre la mise en pratique de cette théorie, celle-ci ait obtenu un plein acquiescement?

Gardez-vous des flatteurs. Les flatteurs ont toujours mis en péril les souverains; aujourd'hui ils mettent en péril les peuples. Fiez-vous aux hommes courageux et non à ceux qui se disent vos très-humbles serviteurs! — Ceux qui se glorifient d'être les serviteurs de qui que ce soit n'ont pas de dignité — Or, il faut incontestablement plus de courage pour dire la vérité au peuple, à la masse, qu'à un souverain.

On a voulu vous flatter, calmer la surexcitation de votre esprit causée par la fameuse théorie du droit du travail et on a institué les ateliers nationaux. Quelle en a été la conséquence? Les journées de juin! Et quelle a été la conséquence de ces journées? Le 2 décembre et 20 ans le régime dégradant! Voyez donc, où peuvent conduire de fausses théories et des flatteries à l'adresse du peuple.

Passons à une autre théorie non moins ridicule, celle *du minimum du salaire*. Cette théorie, elle aussi ne saurait être expliquée que par le même esprit de réglementation. On croit à la possibilité de résoudre les questions sociales non au moyen de la liberté et des lois absolues, mais en instituant des lois positives. Si en ce moment il ne se trouve pas une dizaine de personnes sérieuses qui pensent à réclamer le droit au travail, il y en a malheureusement beaucoup qui croient à la possibilité d'établir un minimum de taxe pour le salaire, comme garantie du travail.

Ces personnes, n'étant pas habituées aux études sérieuses et aux réflexions approfondies, nient la loi de la valeur qui se détermine uniquement par le rapport entre *l'offre et la demande*, loi qui découle de la nature même des choses, loi mathématique indéniable et absolue. Il n'existe pas de fait qui puisse la faire déroger. Nous n'appartenons pas à l'école des économistes du jour et ne partageons pas bien des conclusions auxquelles est arrivé la science économique, laquelle, pour notre part, nous ne reconnaissons pas encore pour une science ; mais il n'en résulte nullement que cette prétendue science n'ait enregistré plusieurs vérités incontestables parmi lesquelles la loi de *l'offre à la demande* occupe la première place, par la raison qu'elle peut être prouvée mathématiquement.

Observant dans tous les faits des relations sociales la force de cette loi, ignorant les vrais moyens qui peuvent garantir le prix du salaire, n'ayant pas trouvé encore le vrai contrepoids aux abus du capital, les prétendus socialistes du jour se fâchent comme des enfants contre la loi absolue de *l'offre à la demande* et l'appellent : « *loi de la fatalité de la misère* ».

Nous ne sommes pas de ceux qui reconnaissent *l'inévitabilité* de la misère ; au contraire, nous sommes fermement convaincus qu'on peut y mettre promptement un terme; mais nous ne sommes pas moins fermement convaincus que la misère ne vient pas de cette loi, qui est une loi de la nature et ne peut avoir pour conséquence que le bien qu'elle apporte à l'humanité. Que tous les faits de la vie sociale tendent à établir la stabilité entre l'offre et la demande pour exclure la fatalité du hasard, — ceci est parfaitement vrai, mais vouloir assurer cette stabilité au moyen d'une loi positive — une taxe — ceci n'est rien moins qu'une folie.

Si vos représentants au lieu de se livrer à des luttes de partis, et de perdre leur temps en discussions stériles, se livraient plutôt à des études sérieuses et songeaient à trouver les moyens de contribuer à ce que *la demande* du travail dépassat toujours *l'offre*, l'absurde théorie du *minimum de salaire* n'aurait plus aucune raison d'être et ne mettrait pas vos esprits à la torture.

Nous aurons plus loin l'occasion, en parlant de contrepoids au capital, de revenir sur la question du salaire et de démontrer que cette question, à proprement parler, ne devrait en aucune façon être considérée comme telle et figurer dans la science économique.

VI

COMMUNISME

Passons à présent a la théorie du communisme. Cette théorie est-elle définie? Pas du tout. On parle de communisme, de socialisme, on confond même la signification de ces deux mots, mais personne, pas même leur maître, n'ont tenté de définir ces deux théories et de formuler leurs exigences.

Il y a à peu près vingt ans, nous avons osé établir la distinction entre ces théories en les formulant ainsi :

Socialisme : *Tendance à amener la vie sociale à un état de choses qui accorde à l'homme la possibilité de jouir du bien-être matériel en proportion de son intelligence, de ses connaissances, de son travail et du degré d'utilité qu'il apporte à la société.*

Communisme : *Tendance à amener un état de choses où la jouissance du bien-être matériel se répartisse également entre tous les hommes sans distinction, abstraction faite des autres éléments.*

Ces seules définitions démontrent déjà que la théorie du socialisme, telle que nous l'avons formulée, est juste, tandis que l'autre est fausse.

La première est non-seulement juste, pratique et réalisable, mais si l'on voulait se donner la peine d'observer et d'analyser tous les faits de la vie sociale et d'embrasser l'ensemble de sa marche, on serait obligé de reconnaître que, malgré mille obstacles créés par l'organisation actuelle de la vie sociale, et pour la plus grande partie inconsciemment, on serait, disons-nous, obligé de reconnaître que, malgré tout, la vie sociale, obéissant à la loi suprême de la nature, marche vers la solution de la question sociale dans le sens que nous avons formulé. Par conséquent, le problème de l'époque actuelle ne consiste qu'à faciliter la marche de la vie sociale en démontrant ses obstacles, créés par quelque égarement de l'esprit humain.

En poussant l'idée du socialisme à sa dernière limite, on se rapprocherait certainement, au point de vue philosophique, du communisme, sans toutefois jamais l'atteindre, comme une courbe n'atteint jamais son asymptote.

Mais s'agit-il aujourd'hui de raisonner sur ce qui pourrait arriver dans un avenir très-lointain? Et encore l'assimilation du communisme au socialisme ne serait admissible que si l'on considérait le premier comme le plus haut degré du second; mais le communisme, tel qu'il est considéré aujourd'hui, est non-seulement irréalisible, mais encore, si l'on pouvait concevoir l'idée de sa réalisation, elle ne serait guère désirable;

car ce ne serait que *l'anéantissement* de tout ce qui touche au domaine de l'esprit, de l'intelligence de l'individualité, en un mot de tout ce qui anime la vie sociale. C'est un pas de recul vers la sauvagerie, une stagnation ou plutôt la mort de l'humanité.

Grâce à Dieu, en dehors des égarements auquel souvent est sujet l'esprit humain, la vérité y trouve aussi un asile et il existe des lois suprêmes qui dirigent la marche de l'humanité.

A propos de la question du communisme nous nous permettrons de citer un fait peu connu, peu compris, mais qui nous paraît très instructif. C'est que le communisme, tel qu'on le considère aujourd'hui, a été mis en pratique sur une grande échelle en Russie dans le premier quart de ce siècle, et qu'il n'a abouti qu'à une révolte terrible parmi ceux qui jouissaient de cette institution.

Nous nous hâtons de dire cependant que le fait que nous allons citer ne doit pas être confondu avec la commune rurale russe ou, plutôt, avec l'organisation de cette commune, qui sera l'objet d'une lettre spéciale.

Le Czar Alexandre Ier avait été dès sa jeunesse imbu des idées communistes. La gloire, presque sans exemple, qu'il a acquise en Europe, au lieu de l'éblouir le rendit mystique. Il conçut l'idée de mettre en pratique la théorie du communisme, tout en voulant résoudre en même temps une autre question importante, celle qui avait rapport au recrutement de l'armée. Il voulut supprimer le mode de recrutement qui se pratiquait alors. La durée de service pour un soldat était à cette époque de vingt-cinq à trente ans. Les conscrits étaient considérés, non-seulement par leurs parents, mais par tout le monde, comme des martyrs condamnés à vingt-cinq ans de supplice continuel à cause du régime atroce, inhumain qui était en usage dans l'armée et qui avait été emprunté par Pierre Ier aux Allemands. On pleurait ces malheureux bien plus qu'on ne pleure les morts. Ceux qui avaient l'obligation de conduire les recrues à la ville, où ces derniers devaient s'enrôler, leur mettaient des fers ou bien les attachaient au véhicule pour les empêcher de s'évader en route. Au moment du départ non-seulement les parents, mais encore tous les habitants du village conduisaient ce cortège plus que funèbre, en poussant des gémissements et des cris qui déchiraient le cœur de tous ceux qui étaient témoins de cet horrible spectacle.

L'empereur voulut mettre un terme à cet état de choses en détruisant les motifs des malheurs qu'entraînait forcément ce mode de recrutement et conçut l'idée de fonder des colonies militaires.

Les habitants de ces colonies devaient être divisés en catégories qui comprenaient : le service actif, la réserve et les hommes qui n'avaient aucune obligation.

Pour fonder ces colonies on choisit des paysans qui occupaient et cultivaient les terres appartenant à l'État. Ces colonies furent installées dans différentes contrées de la Russie; on construisit d'excellentes petites maisons uniformes et rangées régulièrement sur des étendues qui comprenaient plusieurs centaines de kilomètres. Ces maisons étaient plus spacieuses et plus confortables que celles qu'habitaient autrefois les familles de ces paysans transformées en colonie.

Les colons ne venaient pas de loin, ils étaient choisis dans la localité même et n'avaient par conséquent rien à regretter. L'exercice militaire ne prenait pas beaucoup de temps, c'était plutôt une distraction. La principale occupation des colons était la culture des champs, le ménage rural en général. Les colons étaient divisés en régiments et en compagnies. Chaque compagnie formait une unité dont tous les membres devaient travailler en commun, en se partageant également le produit de leur travail. Le surplus servait à fonder un capital de réserve. Ainsi, sous le rapport matériel, les colons ne manquaient de rien: Sans abandonner leur ancienne localité, ils jouissaient en même temps d'une meilleure habitation, d'une meilleure nourriture, avaient de meilleurs habillements, une instruction gratuite et par dessus tout une garantie absolue de prospérité au point de vue économique; car, en cas de besoin, c'était l'État qui leur livrait tout le nécessaire.

N'ayant point de données exactes sous la main, nous croyons cependant être bien au dessous du chiffre réel, en évaluant le nombre des colons à 500,000 âmes. Tout allait donc pour le mieux, et cependant une terrible révolte a éclaté et la plupart des chefs ont été impitoyablement massacrés. Dès lors, l'idée des colonies fut abandonnée et l'on prit des dispositions pour les annihiler en donnant aux colons des moyens pour retourner à leur ancienne vie. Aujourd'hui il ne reste plus de ces colonies d'autres traces que des maisons à moitié ruinées.

Quelle était donc la cause de cet insuccès ? Qu'est-ce qui manquait aux colons ? Chacun n'avait-il pas tout ce qu'il lui fallait? Oui, tout, sauf la faculté d'être apprécié selon son esprit, son intelligence, sa force morale et physique, et sauf la jouissance des résultats que doivent procurer proportionnellement tous ces dons de la nature à l'individu.

Le fait que nous venons de citer peut servir de preuve irrécusable que le communisme, comme on l'entend encore aujourd'hui, est un principe tout à fait contraire à la nature humaine et à la liberté. Qui dit communisme, dit *despotisme*, et le despotisme le plus terrible qu'on puisse imaginer. Le communisme, au point de vue économique, n'est rationnel que dans les questions qui ont rapport à la consommation ou aux dépenses ; mais dans les questions de la production et des recettes il est tout à fait irrationnel et même inadmissible. Pour notre premier entretien nous croyons avoir exposé suffisamment notre opinion au sujet du communisme; nous nous proposons toutefois d'y revenir et de développer notre idée à ce sujet toutes les fois que l'occasion s'en présentera.

Autant le principe de communisme est absurde, autant celui de socialisme, tel que nous l'avons formulé, est juste, logique et pratique. Nous y reviendrons plus tard.

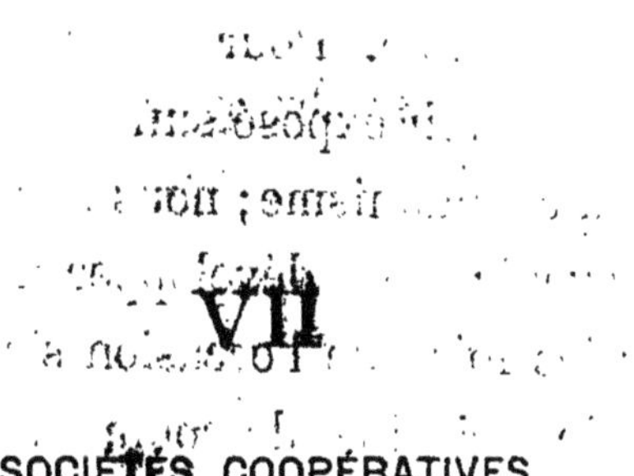

VII

SOCIÉTÉS COOPÉRATIVES

Passons maintenant à la théorie des sociétés coopératives. Nous avons déjà dit plus haut, en parlant de cette théorie, que ce n'est là qu'un palliatif insignifiant et qui, poussé à sa dernière limite, devient la plus monstrueuse absurdité; ajoutons à cela que cette théorie ne contient pas une idée qui n'ait déjà été depuis longtemps mise en pratique et qui ne soit largement usée dans la vie sociale et économique de notre époque. La théorie des sociétés coopératives n'est qu'un déguisement des principes existants, déguisement qui, sans résoudre la question sociale, exalte l'imagination et conduit, comme toutes les fausses théories, à une déception.

Adressez-vous aux partisans mêmes de cette théorie et vous vous convaincrez de la confusion qui règne dans leur esprit à ce sujet. Tantôt ils appliquent cette théorie à la consommation, tantôt à la production. Cette confusion seule pourrait suffisamment démontrer le peu de solidité de leurs principes. Mais nous ne voulons nullement profiter de leur faiblesse personnelle, et nous tâcherons de formuler les idées qui errent dans leur esprit.

En définitif, leur théorie doit aboutir à remplacer les commerçants et les industriels par des sociétés coopératives. On crie à tout instant que les bénéficse faits par les patrons doivent être partagés par les ouvriers, et pour cela on recommande les sociétés coopératives comme une solution de la question sociale. Nous croyons inutile de dire que ce n'est pas pour défendre la cause des patrons que nous allons démontrer la fausseté de la théorie en question.

Admettons que cette théorie se réalise et que les sociétés coopératives viennent à remplacer les patrons — quelles en seraient les conséquences?

En premier lieu, le résultat serait semblable à celui qui dérive de la théorie du communisme, c'est-à-dire,—l'anéantissement complet de l'intelligence et de l'initiative individuelle, ce qui aurait pour suite inévitable une décadence de l'esprit d'invention dans l'industrie, dans l'agriculture, dans le commerce et nécessairement dans la science, cette dernière étant indissolublement liée aux deux premières branches ci-dessus citées. C'est une profonde erreur de croire que la prospérité des différentes branches de l'activité humaine dépende du mécanisme d'administration; elle dépend uniquement de l'intelligence individuelle; c'est cette dernière qui est la véritable origine du mérite plus ou moins grand du mécanisme adminisratif. Si on voulait se rendre bien compte des succès qu'obtiennent parfois les administrations collectives, on ne manquerait pas de découvrir que ces succès sont toujours dûs à une personne.

Continuons notre analyse : Qu'est-ce, au fond, qu'une société coopérative, sinon une société d'actionnaires? Ces dernières ont-elles résolu la question sociale? Il n'y a aucun doute que le principe actionnaire ne soit un énorme levier pour réaliser différentes entreprises qui rendent d'incalculables services aux intérêts généraux de la société ; mais ce principe est rarement à l'avantage des actionnaires, dont la majorité est le plus souvent exploitée au profit d'un petit nombre de personnes. Pourquoi en serait-il autrement des sociétés coopératives?

Ainsi, nous soutenons que le principe des sociétés coopératives, loin de résoudre la question sociale, pourrait, au contraire, nuire énormément à l'économie générale du progrès social.

Aussi, que faut-il faire pour devenir membre d'une société coopérative? De deux choses l'une : ou bien verser un certain capital dans une société qui fonctionne, ou bien, à défaut de capital, être un des fondateurs d'une société qu'on fonderait dans le but d'y verser ses épargnes. Or, si l'on possède un capital, il n'y a aucune raison logique pour devenir actionnaire d'une société dite coopérative, plutôt que de n'importe quelle autre société d'actionnaires. Si l'on y entre au contraire comme fondateur et que l'on compt faire des épargnes, pourquoi verser ces épargnes dans la caisse de telle société plutôt que dans celle de telle autre ou bien dans une banque ?

On nous dira peut-être que le membre d'une société coopérative jouit du droit de crédit qu'il ne pourrait pas obtenir ailleurs. Soit; mais ce crédit, la caisse d'une société coopérative le fera-t-elle sans garantie, si la demande dépasse le montant du crédit accordé à chaque membre sur le capital de la société en proportion des versements faits par chaque individu ? Oui, elle le fera à quelques-uns, — aux amis et aux protégés des administrateurs, comme cela se fait dans toutes les sociétés de crédit, — mais la masse ne pourra jamais jouir de l'avantage du crédit sur la seule garantie personnelle.

Cette analyse ne prouve-t-elle pas que le principe des sociétés coopératives ne renferme aucune idée nouvelle et féconde, et que ce n'est là, comme nous l'avons dit plus haut, qu'un déguisement d'institutions existant depuis bien longtemps.

Nous avons entendu maintes fois les partisans des sociétés coopératives citer, comme preuve des grands avantages que renferment ces sociétés, le fait même de la prospérité de quelques-unes ; « ces sociétés, » disent-ils avec enthousiasme, « qui n'ont compté à leur origine que quelques dizaines de membres, les comptent aujourd'hui par milliers. » Quel triste égarement !

Comment ne comprennent-ils pas, ces apologistes des sociétés coopératives, que leur argument n'est autre chose qu'une accusation du vrai principe socialiste ! A quoi vise le vrai socialisme ? A ce que l'individu ne soit pas un être isolé, une force physique, économique et morale insuffisante pour tirer un profit équivalant à cette force ; à ce qu'il trouve dans une association de plusieurs personnes un soutien et un appui dans les différentes péripéties de la vie.

Une société composée de milliers de personnes, pourrait-elle répondre à ce besoin impérieux ? Une pareille société ne viendra en aide à ses membres qu'en proportion du versement qu'ils auront fait. — Ce n'est donc pas la société qui leur porte secours, mais bien les épargnes qu'ils ont pu réaliser antérieurement. Là, où il y a des administrations, des administrateurs, des bureaux, des statuts et des réglements, — là, disons-le, il n'y a pas de place pour le vrai principe socialiste.

Nous ne nions nullement les avantages que peuvent apporter à l'individu les sociétés coopératives, mais telles qu'on les entend aujourd'hui, nous les considérons comme un palliatif insignifiant et non comme une solution de la question sociale.

Nous comprenons les associations composées de petits groupes de personnes, qui se connaissent bien entre elles et qui s'unissent pour sauvegarder et protéger leurs intérêts communs. Pour qu'une association profite à l'individu, il faut qu'elle soit motivée non-seulement par des raisons d'intérêts communs, mais aussi par des raisons morales. Par conséquent, cette société ne doit jamais être trop nombreuse ; elle n'a besoin ni d'administrations, ni de statuts, ni de réglements. Une pareille association est susceptible de rendre de véritables services, d'être un appui pour ses membres et de soutenir ceux d'entre eux, qui, par des raisons quelconques, en éprouveront le besoin. Tous se connaissent et pour cette raison on porte secours sans songer à d'autres garanties que des garanties morales. Une pareille association est une véritable association socialiste ; mais ce n'est pas cela ce que vous enseignent vos maîtres en vous poussant à fonder de grandes sociétés coopératives.

Admettons enfin, que les sociétés coopératives ont rendu ou doivent rendre de grands services à leurs membres, ce ne seront toujours que ceux, qui forment la partie aristocratique privilégiée par sa position, qui participeront aux bienfaits de ces sociétés ; la masse, — les vrais prolétaires — ne pourront jamais en jouir. C'est cependant à eux qu'il faut songer ; c'est leur question que la science économique socialiste est appelée à résoudre.

Au principe des sociétés coopératives, nous opposons celui des petits groupes unis principalement par des liens moraux. Nous nous permettrons de les appeler : *groupes fraternels*.

Mais ne vous y trompez pas! La formation de groupes de ce caractère, tout en étant plus pratiques et plus faciles à réaliser que les sociétés coopératives et plus susceptibles en même temps des résultats immédiats, ne constituent pas encore la véritable solution de la question sociale.

La vraie base de cette solution se trouve dans un principe absolu, supérieur, ou plutôt dans une loi suprême que voici : **Droit de l'homme de posséder la terre à titre gratuit, à seul titre d'homme.**

VIII

LE DROIT A LA TERRE

Nous avons terminé notre dernière lettre en déclarant que la seule véritable solution de la question sociale se trouve, dans **le Droit de l'homme de posséder la terre à titre gratuite, à seul titre d'homme.**

Nous commencerons l'explication de cette opinion en citant quelques pages tirées d'une de nos brochures.(*)

« Certes, vous êtes en droit de nous demander ce que c'est que ce droit, et de nous dire que vous ne le comprenez pas, qu'il n'existe nulle part.

Si fait!... ce droit existe; il existe en Russie; 50 millions du peuple russe jouissent de ce droit.

Depuis quand ce droit existe-t-il en Russie? Depuis l'origine de ce peuple.

Pourquoi le peuple russe est-il le seul peuple civilisé au monde qui ait su conserver ce droit naturel? Parce que le peuple russe n'a jamais été conquis par un peuple étranger: parce que le peuple russe n'avait jamais pour maître des conquérants étran-

(*) Programme de la Sainte-Alliance des peuples, Paris 1859, E. Dentu, Palais-Royal; Bruxelles, F. Classen, rue de la Madeleine 33.

gers qui se fussent emparés du sol ; parce que le peuple russe en conquérant d'autres peuples n'en faisait pas des esclaves. De là, point de duplicité d'éléments à l'origne, point de maîtres, point d'esclaves qui aieut eu à s'affranchir individuellement : de la corporation de la commune ; de là, tous les membres de la commune se regardèrent mutuellement comme frères, ayant tous droit à la possession de la terre à seul titre d'être hommes ; de là, *droit gratuit à la terre*, c'ect-à-dire droit à l'instrument du travail au moment où l'homme devient capable de travailler, sans avoir préalablement acquis ce privilége par un capital ; de là, égalité de droit pour tous les membres de la commune ; de là, partage de la terre au fur et à mesure que la population s'accroît. Sous ce dernier rapport le peuple russe pratique ce droit d'une manière admirable et incompréhensible pour les autres peuples.

Parmi les économistes régnants, il y en a qui prétendent que l'état de choses, tel qu'il existe aujourd'hui en Russie, doit être attribué à l'abondance de la terre.

— C'est faux ! — La Russie compte beaucoup de provinces où la population, par rapport à l'étendue de la terre, n'est pas moins forte qu'en France.

Il y en a qui prétendent que cet état de choses tient à l'ignorance du peuple à l'endroit des principes sur lesquels repose la propriété. — C'est faux ? —

D'abord il faut dire que tous ceux qui avaient affaire au peuple russe et qui le connaissent, ont toujours été frappés du grand bon sens et de la profonde intelligence de ce peuple. Nous connaissons de vos compatriotes qui se sont trouvés pendant de longues années en contact avec plusieurs peuples de l'Europe et des deux Amériques et qui affirment hautement que l'intelligence d'un simple ouvrier russe dépasse toutes les attentes. Quant à la prétendue ignorance du principe de la propriété, c'est précisément le contraire de ce qu'on prétend qui est vrai. Nous ne croyons pas qu'il y ait au monde une nation où le principe de la véritable indépendance, résidant dans la propriété, soit aussi inhérent au caractère de l'individu qu'en Russie. Chaque homme du peuple russe, à l'âge de 18 à 20 ans, est déjà marié, possède maison, chevaux, bestiaux, instruments de travail et de transports et son lot de terre à cultiver, si tel est son bon plaisir, sinon, il le donne à ferme à un autre qui veuille se charger de la culture de deux ou plusieurs lots. Et la jouissance de tous ces droits naturels de l'homme est toujours la conséquence du droit fondamental, de son droit à la possession d'une partie de la terre de sa commune à l'égal de tous les autres.

Il y en a qui prétendent que cet état de choses enchaîne les mains à ceux des cultivateurs intelligents qui voudraient marcher toujours en avant du mode de culture adopté par toute la commune en général. — C'est encore faux, et cela est démenti par les faits. — D'abord il faut remarquer qu'ici, comme partout ailleurs, le mode de culture dans chaque commune ne s'adopte qu'à force d'expérience et conformément aux circonstances locales, donc, ce mode est toujours le plus avantageux; puis, chaque paysan qui, outre son lot de terre qu'il reçoit gratuitement, désire posséder encore quelque portion de terre à titre de propriété personnelle, est, cela va sans dire, parfaitement libre de l'acquérir par achat et de la cultiver comme bon lui semble.

Il y en a même qui prétendent que sous l'empire du principe russe chaque paysan est forcément obligé de rester cultivateur. — C'est un mensonge! — En général, l'ouvrier industriel en Russie appartient toujours à la classe des cultivateurs, et tout en s'occupant de son industrie, sa famille, restée à la campagne, ne cesse pas de cultiver la terre; cet ouvrier ne tourne son travail du côté de l'industrie que lorsque ce travail lui offre comparativement un plus grand bénéfice. Nous remarquerons, en passant, que ceci suffit pour expliquer pourquoi la question absurde du *salaire*, qui préoccupe tant les économistes, ne se présente pas en Russie.

Enfin il y en a qui prétendent que cet état de choses est nuisible à la production. — C'est encore faux! — Plusieurs écrivains russes, appuyés sur l'expérience, ont prouvé par des calculs mathématiques, par la statistique et par la logique que le mode de partage de la terre, tel qu'il se pratique dans la commune parmi les paysans russes, loin d'être nuisible à la production, loin de constituer un obstacle à l'introduction de perfectionnements dans le mode de culture, présente, au contraire, des avantages incalculables et incontestables, et tranche la question insoluble de savoir ; lequel des deux différents modes de culture est préférable, celui qui se pratique de préférence en France, ou celui pratiqué en Angleterre? Il tranche cette question en écartant les désavantages et en réunissant les avantages de ces deux modes.

Ici ce n'est pas la place d'entrer dans des détails à ce sujet, et nous nous contenterons de dire seulement que le mode de culture dans la commune russe peut se comparer à une ferme immensement grande (*) et par conséquent capable de supporter, en faveur des améliorations de la culture, les dépenses les plus considérables qu'on puisse imaginer et où, en outre, chaque ouvrier travaille à la tâche. recevant une indemnité en proportion du produit de son travail. — Voilà le vèritable sens de la commune russe sous le rapport économique.

(*) La moyenne de l'étendue de terre appartenant à une commune, en Russie, peut-être évaluée approximativement à 2,000 hectares. On compte des dizaines de milliers de communes qui possèdent 10,000, 20,000 hectares et plus.

Il ne faut pas croire que l'état économique concernant le mode de possession de la terre en Russie soit un état d'enfance. Non ! c'est un état de virilité, état bien accusé constituant une particularité innée du caractère du peuple russe; particularité tenant probablement aux conditions mentionnées plus haut, dans lesquelles le peuple russe se développait à partir de son origine.

Il ne faut pas croire non plus que le peuple russe puisse jamais abandonner cette particularité. Il ne faut pas oublier que les peuples qui ont passé par l'esclavage, ne peuvent nullement avoir passé par l'état de choses qui existe en Russie. La Pologne a péri, parce que la noblesse polonaise, voulant se mettre d'accord avec l'Europe occidentale, a porté atteinte au principe économique fondamental. L'Europe occidentale tenait son principe de son histoire, de son origine, par conséquent, pour elle, ce principe était naturel, mais pour la Pologne.... non ! Tous les peuples slaves (race qui n'a jamais pratiqué l'esclavage) qui ont trahi le principe *du droit de l'homme à la possession de la terre* , ont perdu leur indépendance. Tous les slaves qui ont conservé *ce droit* ce réunirent et formèrent, peu à peu, la Russie. La Russie périrait aussi, si, ne tenant pas assez compte du principe que nous venons de signaler, elle y portait la moindre atteinte dans la solution pendante de la question du servage.

C'est *ce droit* qui donne au peuple russe l'impulsion à la resistance insurmontable contre laquelle se brisèrent les effort continuels des Tartares, de la Pologne et la tentative de Napoléon 1er; c'est *ce droit* qui est la cause du développement successif de la Russie; c'est *ce droit* qui lie les provinces incorporées à la Russie, de manière, qu'une fois attachées, elles ne s'en détachent plus; c'est *ce droit* qui anéantit les germes des révolutions inutiles et déplorables, c'est *ce droit* qui tranche la question sociale, économique et philosophique de notre époque; c'est *ce droit* qui fera par conséquent le tour du monde; c'est *ce droit* qui représente le véritable, le seul, le plus raisonable et le plus équitable contre-poids au capital, contre-poids pour borner les prétentions éxagérés du capital et faire disparaître les abus dont, à l'état actuel des choses, il jouit impunément; contre-poids, disons-nous, mais un contre-poids qui, tout en faisant équilibre, ne paralyse en rien l'action utile, indispensable et légitime du capital.

Êtes-vous sûr que demain ou après-demain il n'éclatera pas une révolution? — Toutes les mesures, tous les actes de la plupart des nations de l'Europe ne sont-ils pas suggérés par la peur de révolutions? Ces nations n'ont-elles pas l'air de se considérer, quant à leur existence sociale, comme se trouvant sur un tonneau de poudre, et leur politique intérieure et extérieure ne se bornera-t-elle pas à chasser fiévreusement les étincelles qui volent tout autour?.., Triste situation! ridicule politique, à qui la peur a fait perdre toute présence d'esprit.

Que donnera-t-on aux peuples si la révolution éclate? *Le minimum de salaire! les ateliers nationaux! le droit au travail!* Mais ce serait plus que ridicule; nous croyons même que personne, à l'heure qu'il est, ne s'avisera plus de prêcher pareilles causes. Eh bien, que donnera-t-on? que pourra-t-on donner? — Pas autre chose à donner que **Droit à la terre.**

Nous nions d'une manière absolue qu'il existe une autre solution du problème, une autre racine d'équation; ce n'est pas une solution trouvée à tâtons — c'est une solution analytique; ce n'est pas un droit imaginaire — c'est un droit naturel, c'est un fait qui se pratique par 50 millions du peuple russe.

Mais direz-vous, comment pourrait-on répandre ce principe qui est le rebours du principe qui régit les peuples de l'Occident? Oui, là est la question. Certainement ce n'est pas une révolution qui pourra la trancher. Les révolutions proclament des grandes paroles, mais elles n'agissent pas. Il faut d'abord qu'on aille étudier le principe sur place, en Russie; puis il faut qu'on étudie les moyens d'application de ce principe, en tenant bien compte des circonstances et du caractère particulier de chaque pays. C'est alors seulement, qu'on pourrait se mettre à l'œuvre par voie de réformes permanentes, persévérantes et raisonnables. Il s'agit de refaire des mœurs qui datent de temps immémorial, donc cette réformation ne pourrait pas se faire en un jour; il faudrait, tout au moins, une génération pour avancer sensiblement dans cette voie. Et encore n'atteindrait-on pas au but par la simple voie de réformes; il faudrait absolument que les peuples se rapprochassent et se mélangeassent. — Les chemins de fer accompliront cette œuvre! — Mais pour entrer dans cette voie n'oublions pas qu'avant tout il faut clore les discussions, il faut se mettre d'accord, il faut reconnaître la justesse du principe russe. »

IX

LA COMMUNE EN RUSSIE

Pour commencer la description de la commune en Russie, nous citerons un mémoire que nous avons présenté *au Congrès de l'association internationale pour le progrès de sciences sociales,* Congrès qui a eu lieu à Berne en 1865. Ce mémoire avait pour titre : *De l'organisation de la commune en Russie, envisagée au point de vue du prolétariat.* Voici en quels termes nous nous sommes exprimés :

« Les étroites limites de temps prescrites par le réglement ne me permettent pas d'avoir d'autre but que d'indiquer sommairement certains faits dignes d'une étude plus approfondie.

D'abord je me permets d'expliquer ce que j'entends par le mot *prolétariat* :

1° Absence d'un point d'appui pour ces millions d'êtres humains qui gagnent leur vie au jour le jour, par le travail manuel ou intellectuel ;

2° Comme conséquence d'une telle situation, absence d'équilibre dans la concurrence que se font le capital et le travail ;

3° Absence d'un refuge domestique comme propriété de famille ;

4° Nécessité de s'imposer des privations nuisibles à la santé, en vue de ramasser un petit pécule — faible ressource pour les mauvais jours ;

5° En général, absence de la vie conjugale avant que l'homme soit arrivé à un âge trop avancé; de là — dépravation et abâtardissement de la race humaine.

6° Absence du repos physique nécessaire pour la formation et le développement de l'intelligence ; de là — abrutissement.

La recherche d'un remède contre ce mal rentre dans le domaine des problèmes que l'Association internationale s'est donné pour mission d'élucider. C'est cette considération qui m'a suggéré l'idée de vous tracer une esquisse des principes qui régissent l'organisation économique de la commune en Russie.

Peut-être, en étudiant ce sujet apercevra-t-on des éléments propres à mettre sur la trace du remède du paupérisme.

En Russie, la classe ouvrière, en général, fait partie des communes rurales. Chaque commune possède collectivement des terres qui sont partagées également entre tous les membres de la commune.

L'unité qui sert de base à ce partage n'est pas la famille, mais bien l'individu mâle et majeur ; et si, dans quelques endroits, on s'écarte de cette base,

cela n'affecte en rien le fond même du principe. De cette manière, plus la famille est nombreuse, plus on lui alloue de terre à cultiver.

Toutes les contributions se répartissent entre les membres de la commune, à proportion de la quantité de terre qu'ils exploitent respectivement.

A mesure que la population augmente, le partage du sol se renouvelle. Ce renouvellement a lieu ordinairement tous les neuf ou douze ans et s'opère de préférence lors du recensement général. Cependant si les circonstances dictent la nécéssité d'un partage avant l'époque habituelle, les membres de la commune se constituent en assemblée générale et déterminent le nouveau partage.

De prime d'abord, on se demande comment un tel partage peut se pratiquer sans soulever des difficultés insurmontables? C'est là précisément le point digne d'être étudié, d'autant plus que ce partage n'a jamais été l'objet d'une loi écrite. C'est une loi d'usage, une loi naturelle.

Sans entrer dans l'exposition des causes qui ont contribué à enraciner cet usage dans le peuple russe, j'affirme que ce partage, sauf de rares exceptions, s'accomplit en une seule journée et presque sans discussions ni débats.

Un exemple vous fera mieux saisir comment on procède. Supposons une commune composée de cent membres. Dans ce cas, le sol se divise, non pas en cent, mais peut-être en mille lots et plus. Disons mille lots. Il s'ensuit que chaque membre aura droit à dix lots; mais ces lots lui seront respectivement alloués dans les différentes zones ou classes de terrains.

Or, dans cette classification, il est tenu compte de la qualité du terrain et de sa situation plus ou moins rapprochée des habitations de la commune, et aussi de l'inclinaison, de l'altitude, de l'exposition, de toutes les circonstances naturelles qui peuvent influer sur le caractère du sol et constituer un avantage ou un désavantage pour l'exploitation.

De là il résulte que tout se compense, tout s'égalise de telle façon que, dans leur ensemble, les lots alloués à un membre quelconque équivalent presque exactement et sous tous les rapports, aux lots échus à tout autre membre.

Les lots étant ainsi combinés en séries parfaitement équilibrées, les membres de la commune ne peuvent avoir aucun intérêt à préférer telle série à telle autre, et c'est le sort qui décide en dernier lieu.

On comprend, du reste, que ce n'est qu'après de longues années d'expérience et à l'aide de données traditionnelles qu'on arrive à manier ces partages avec toute l'équité désirable.

Une autre question se présente immédiatement à l'esprit. On se demande où et comment la société pourra se procurer d'autres ouvriers que des agriculteurs? En Russie, ce sont encore des membres des communes rurales qui s'engagent dans les différentes branches de l'industrie, mais seulement pour la saison d'été. Ces ouvriers se recrutent le plus souvent dans les familles nombreuses, et reviennent passer l'hiver au foyer domestique. Pendant leur absence, la culture des champs de la famille, loin d'être abandonnée, est confiée aux soins de la femme, du frère ou du père.

L'ouvrier même, qui par goût, par esprit de lucre ou par toute autre raison, accepte un emploi qui lui impose une absence permanente, ne renonce pas pour cela à ses champs, et son ménage (ne fût-ce que sa femme) reste toujours établi dans la commune natale, où l'ouvrier ne revient que rarement et pour peu de temps, jusqu'à ce qu'il se retire dans ses foyers domestiques pour ne plus les quitter.

D'ordinaire, les entrepreneurs industriels viennent dans les communes pour engager les ouvriers, de sorte que ce n'est pas l'ouvrier qui court après le capital, mais bien le capital après l'ouvrier, et ainsi il y a équilibre dans la concurrence entre le capital et le travail, équilibre qui a pour source unique un état de choses qui assure, à chaque membre de la commune, un point d'appui dans la possession du sol par l'alternance des partages.

Remarquez d'ailleurs, qu'outre sa participation au terrain communal, rien n'empêche un membre de la commune d'acquérir d'autres terres à titre de propriété personnelle et héréditaire.

L'existence de la propriété individuelle à côté de la propriété communale, loin d'être nuisible au bien-être des masses, est, au contraire, de nature à l'accroître.

Ne serait-il pas permis d'entrevoir dans la coexistence de ces deux genres de propriété, un élément destiné à amener l'accord qui devrait régner entre la classe ouvrière et la classe aisée ?

La classe ouvrière une fois garantie contre les abus du capital par l'appui qu'elle trouve dans le droit à la propriété communale, il n'y a plus de motif à ces sourds mécontentements, qui, autrement, vont s'accumulant dans les masses et finissent par faire explosion, à moins qu'on ne leur ouvre à temps une issue.

Quelles sont les conséquences des faits que je viens d'exposer ?

1° Le principe de la propriété communale complète l'égalité pratique du droit naturel des hommes ; car, avec ce principe, le fait seul de l'apparition de l'homme dans ce monde l'investit du droit au sol — don de la nature aussi nécessaire à l'existence que l'air, l'eau et le soleil.

2° En rendant tout homme propriétaire et en lui fournissant, pour ainsi dire, dès le début de sa carrière, l'instrument nécessaire à son travail, ce principe conduit à une répartition équitable des richesses, c'est-à-dire à une répartition proportionnée à la quantité du travail employé par l'individu, à ses capacités personnelles et au degré d'utilité qu'il apporte à la société.

3° Ce principe constitue une digue insurmontable contre les flots de la dépravation; car, en donnant à l'homme un point d'appui dès son entrée dans la vie, il lui donne, par la même, la possibilité d'entrer dans la vie conjugale à l'âge de la première vigueur, et, en assurant ainsi une vie normale, il empêche la violation des lois de la nature.

4° En donnant à chacun droit à la terre, ce principe ferme la porte au prolétariat, attache l'homme à un domicile fixe et lui assure une indépendance économique réelle et non fictive.

5° En stabilisant l'homme et en lui assurant les moyens d'existence, ce principe répand dans les masses un esprit de calme qui résiste à l'entraînement des mauvaises passions.

Avant l'époque de l'émancipation des serfs, peu de personnes connaissaient ou appréciaient les faits que je viens d'énoncer. Mais, depuis lors, des écrivains se sont efforcés de combattre le principe de la propriété communale, sans tenir compte de ce grand fait, qu'un peuple de cinquante millions d'âmes le pratique spontanément de temps immémorial. Il fondent leurs attaques sur la définition théorique de la propriété et sur l'exemple des autres pays de l'Europe où ne se rencontre pas ce mode particulier de possession du sol qui domine en Russie; ils attribuent cette particularité à la sauvagerie des mœurs. Soit! Mais c'est là une sauvagerie à laquelle les classes ouvrières de tous les pays civilisés ne seraient probablement pas fâchées de participer.

On sera peut-être tenté de croire qu'en Russie le bien-être doit abonder dans les masses. Non, il y a bien des contrées russes où le bien-être n'est pas le partage des masses; mais cela tient à des causes accidentelles et souvent artificielles, qu'il ne serait pas difficile de vaincre. Sans essayer de les énumérer toutes, je citerai la principale : l'absence de voies de communication perfectionnées, qui empêche le développement des industries appelées à occuper les ouvriers pendant l'hiver, constitue un obstacle à l'écoulement des produits du sol et du bétail et en paralyse la production même.

Dans les contrées où l'industrie est assez développée, les masses se trouvent dans une position tout à fait satisfaisante.

On objectera peut-être que si le principe qui régit l'organisation économique du peuple russe exclut le prolétariat et ses funestes conséquences, il est néanmoins impossible de le faire entrer dans la pratique chez les autres peuples de l'Europe, où la vie sociale est assise sur d'autres bases.

Je répondrai que, pour le moment, il ne s'agit point encore de savoir comment on administrerait le remède au malade, mais seulement, et avant tout, de trouver un remède et de s'assurer de son efficacité.

La vérité une fois connue ne peut plus périr. Elle sait se propager et grandir par mille voies difficiles à tracer à l'avance. Sans donc nous arrêter à des recherches prématurées sur les moyens propres à faire pénétrer une telle vérité dans la vie sociale, tâchons d'abord de nous l'approprier par l'intelligence et par l'étude.

Autrefois les invasions violentes bouleversaient les fondements de la vie des nations. Aujourd'hui les agents prédestinés à jouer ce rôle sont la multiplicité et l'étendue des relations internationales et la fusion des peuples qui en sera la conséquence nécessaire. »

Après vous avoir émis notre opinion au sujet de la solution de la question sociale, solution que nous trouvons dans *Le Droit à la terre*, et après vous avoir esquissé l'organisation de la commune en Russie, laquelle est basée sur ce droit, nous nous proposons d'entrer d'abord, dans nos prochaines lettres, dans une description plus détaillée de cette commune et de l'analyser à différents points de vue. Ensuite, nous nous proposons de vous démontrer les moyens pratiques par lesquels on pourrait arriver à se placer dans la voie qui conduirait à la réalisation *du droit* en question.

Si nous n'étions pas certain de la possibilité pratique de la réalisation de ce droit, nous ne nous serions nullement permis de toucher à cette question; car, selon nous, la responsabilité la plus grande qui puisse peser sur l'homme dévoué sincèrement au bien, est celle qui lui incomberait s'il troublait inutilement les esprits par des théories fausses, par des illusions fantastiques et par de belles paroles sans conséquence.

Mais entendez bien que la réalisation de l'idée en question demande pas mal de temps; il faut donc s'armer de patience et de persévérance afin de pouvoir diriger la marche de la vie sociale vers le but qui seul résoud complétement le problème posé par les exigences de notre époque.

X

NÉGATION DU DROIT DE TALENT

Au moment de mettre cette brochure sous presse, nous avons appris, dans un journal, qui a la prétention d'être socialiste, une théorie bien singulière, qui a rapport aux questions que nous avons traitées ici.

A titre de curiosité, nous citerons le passage suivant d'un discours, prononcé récemment dans une conférence, et que le journal dont nous venons de parler s'est empressé de publier en l'accompagnant d'éloges.

« *Faire que, par l'éducation professionnelle, l'homme* « *devienne un travailleur assez émérite pour que ses* « *œuvres soient la commune mesure de ses facultés et de* « *ses besoins.*

« *Réaliser, par l'association, cet ordre économique dans* « *l'humanité.*

« Si nous ne parlons pas de la formule de répartition de « l'école fouriériste, *à chacun selon son travail, son capital* « *et son talent,* formulo de transition déjà appliquée dans « maintes associations, ce n'est pas qu'elle soit indigne

« d'examen; mais nous ne pouvons l'adopter, et voici « pourquoi :

« D'abord le talent, selon nous, doit trouver sa rémuné- « ration dans l'admiration, la sympathie, l'enthousiasme « qu'il excite. Or, que voyons-nous aujourd'hui? Au « théâtre, par exemple, nous voyons quelques premiers « sujets, ténors et primas donnas, toucher des appointe- « ments fabuleux, tandis qu'au-dessous d'eux végètent une « foule d'artistes subalternes qui gagnent à peine de quoi « vivre, et dont beaucoup, même parmi les femmes, sont « réduits à demander leur vie à des moyens peu moraux « et pas du tout professionnels.

« Eh bien, la société actuelle est taillée sur le modèle du « théâtre. L'industrie, la science, le gouvernement, ont « leurs premiers ténors qui vivent dans l'abondance, quel- « ques-uns dans la pléthore, tandis que la multitude des « comparses, des inférieurs, meurt de faim ou gagne à « peine de quoi joindre les deux bouts.

« Est-ce à dire que nous n'apprécions pas le talent et ne « voulons pas qu'il obtienne les récompenses qu'il mérite? « pas le moins du monde. Nous l'apprécions beaucoup, au « contraire; mais nous pensons qu'il doit trouver sa ré- « compense la plus haute dans l'admiration et la sym- « pathie publiques et non dans une masse de billets de « banque hors de toute proportion avec la commune « mesure du temps employé et des forces dépensées.

« Quant au capital, c'est une bien autre affaire, et sur ce « point nous professons, nous devons le reconnaître, des « idées considérées dans le monde aristocratique ou bour- « geois comme absolument abominables.

« Nous pensons, en effet, que ce que l'on appelle la pro- « ductivité du capital est un préjugé aussi absurde que la

« croyance aux miracles. L'amortissement du capital nous « le comprenons, nous le trouvons juste et nécessaire; « mais l'intérêt perpétuel, la rente perpétuelle à un « capital que l'on rembourse intégralement quatre ou cinq « fois par siècle, sans qu'il cesse jamais d'être dû, est, selon « nous, ce qu'il y a au monde de plus inique, de plus « insensé et de plus homicide. »

On se demande : est-ce une plaisanterie ou une impudence commise par l'orateur envers ses auditeurs, et par le directeur du journal envers ses lecteurs ? Car, pour professer et publier de pareilles théories, il faut considérer les auditeurs ou les lecteurs comme des hommes privés de facultés mentales et prêts à admettre toutes les erreurs qu'on voudra bien leur communiquer. Ou bien, de pareilles théories viennent-elles de l'absence de toute notion de vérité et de logique dans l'esprit de ceux qui les professent; ou enfin, ne sont-elles que le résultat du bavardage d'un orateur trop avide des applaudissements de la masse qu'on obtient toujours facilement en flattant les certains instincts ? Mais alors, pourquoi le journal insère-t-il cette théorie et s'empresse-t-il de l'accompagner d'éloges ? A quel titre de semblables théories paraissent-elles ? — Il serait vraiment difficile de le savoir.

La théorie dont nous venons de parler nie non-seulement le droit de la propriété matérielle, mais elle prétend encore arracher à l'homme la propriété la plus chère qu'il ait, celle qui lui est liée le plus indissolublement, la propriété de son intelligence, de ses études et de son talent. Voilà de la vraie justice ! Voilà la *vraie libre pensée !*

Par exemple, vous *Jean*, pendant de longues années, vous avez fait des études, vous avez travaillé pour développer votre intelligence, votre talent d'artiste, ou de mécanicien, ou d'ingénieur, ou d'architecte, ou de tailleur de pierre, ou de menuisier, etc. Grâce à vos talents et à vos études, vous avez fait des améliorations, des inventions dans votre métier ; cela vous a profité et enfin, après de longues années, vous vous êtes fait une position qui assure votre avenir, votre future vieillesse, l'éducation de vos enfants et leur délivrance de la misère par laquelle vous avez passé et que vous avez songer à leur épargner, pensée qui a soutenu constamment votre énergie pendant votre long travail.

Eh bien, la fameuse théorie que nous venons de citer, vous dit : Ecoutez ami, *Jean*, nous avons pour vous la plus grande admiration, la plus profonde sympathie, mais nous ne vous reconnaissons pas le droit de jouir du produit de vos études, de votre talent et de votre travail. Ces produits appartiennent aux autres, qui, bien que n'ayant rien fait de semblable à vous et ne s'étant fait remarquer que par leur imbécillité, leur ignorance, leur paresse, leurs débauches ou leurs intrigues, n'en sont pas moins vos égaux, et, par conséquent, malgré toutes vos peines et tout votre travail, vous n'avez aucun droit d'avoir dans votre vie domestique le moindre avantage sur eux.

Personne ne saurait contester que cette fameuse théorie ne soit à l'avantage des éléments que nous venons d'énumérer, et tous ceux qui s'y reconnaissent doivent naturellement l'applaudir chaleureusement.

A part la question de justice et de vérité, — les théoriciens de ce genre semblent peu s'inquiéter du reste, — comment ne font-ils pas attention à ce que la richesse nationale, le bien-être général et le progrès dans le monde tiennent au talent de l'homme, qui assurément ne se produirait pas, s'il n'y avait pas des stimulants efficaces, réels et en même temps honorables pour l'activité humaine. La conséquence de la théorie en question serait un recul de la civilisation et la misère générale qui nous ramenerait à la sauvagerie.

Des centaines de millions d'hommes profitent du bienfait que leur procure les chemins de fer, les bateaux à vapeur et le télégraphe. Serait-ce juste, que ceux qui ont torturé leur intelligence pendant de longues années, qui ont fait des sacrifices et ont supporté des privations de tout genre, qui ont risqué leur vie et leur santé, qui n'ont eu de repos, ni jour, ni nuit, pendant peut-être plusieurs années, avant d'arriver à résondre le problème qu'ils se sont posé ; serait-ce juste, demandons-nous, que ces hommes ne jouissent pas des résultats de leurs peines et qu'on trouve naturel qu'ils soient placés sous le niveau général ?

L'orateur qui a émis cette théorie, se rend-t-il bien compte du motif qui le pousse à agir ainsi ? N'est-ce pas la tendance de sortir du niveau général, de se faire connaître, ne fut-ce que par une absurdité, afin de tirer parti de sa position ? Tendance juste, légitime et naturelle à chaque individu, à chaque être humain. Sans cette tendance, il n'y a que la mort.

La théorie du capital, émise dans le même article que nous avons cité, est aussi digne d'admiration.

« *La productivité du capital est un préjugé absurde.* »

Ainsi, vous, *Pierre*, après avoir acquis par un long travail un capital, vous avez résolu de participer à la fondation d'une fabrique ou d'un chemin de fer, etc., croyez-vous que le produit du capital que vous y avez engagé vous revient ? — Non, cher *Pierre*, l'auteur de l'article que nous avons cité et le journal qui l'a publié, prétendent y avoir le même droit que vous. C'est très commode certainement de profiter du travail antérieur d'autrui, mais il paraît que ce n'est ni tout à fait juste, ni naturel.

Nous n'avons cité cette fameuse théorie qu'à titre de curiosité, étant persuadé que de pareilles absurdités ne peuvent prendre racine. Car au-dessus des égarements humains planent des lois suprêmes qui sauront mettre ces égarements aux places qui leur reviennent.

Néanmoins, des pareilles théories sont du brouillard répandu devant les yeux de ces pauvres gens qui espèrent toujours un changement dans leur situation. Le brouillard disparaîtra bien vite, et après? — nouvelle *déception !* nouvelle *exaspération !*

Répétons encore une fois : Répandre des théories fausses et absurdes, en vue de flatter la masse, c'est commettre un crime. N'est-ce pas assez d'avoir obtenu par ces théories des résultats tels que les jours du juin et la Commune de Paris ? Les journées de juin ne sont que le second acte de la tragédie, dont le premier a été le 15 mai, le troisième — le 2 décembre et vingt ans de régime de Napoléonien, le quatrième — l'invasion et Sedan et le cinquième — la Commune de Peris.

Veut-on pousser la masse à commettre les mêmes folies pour la troisième fois ?

XI

LE VRAI DANGER

Bien que les républicains pensent, en général, que, cette fois-ci, la République est solidement établie en France, nous croyons, cependant, que s'ils voulaient bien sonder la profondeur de leurs convictions, ils s'apercevraient, peut-être, qu'ils ne sont pas aussi rassurés qu'ils le prétendent.

A notre avis, le danger existe, et plus encore dans le camp des républicains eux-mêmes que dans celui des adversaires de la République.

Nous ne faisons pas allusion à la divergence d'opinions qu'on rencontre dans les groupes républicains de la Chambre. Ces divergences, quoique bien regrettables, ne touchent pas à la question de la République ; par conséquent, en cas de danger réel et direct, tous les représentants républicains de la Chambre seraient unis. Mais ce qui pourrait facilement arriver, c'est qu'à la suite de manœuvres peu habiles de la part des républicains dirigeants, l'influence des principes républicains s'affaiblit dans le pays même.

Il nous paraît que les républicains, étant parvenus

à réaliser la forme du gouvernement qui leur est chère, ont cru à la possibilité de se reposer sur leurs lauriers, et n'ont pas compris suffisamment les besoins du peuple, auquel il faut, non des mots, mais des faits; ils ne s'aperçoivent pas que le peuple a l'audace de regarder la République comme tenue d'accomplir les réformes sociales, dont l'urgence frappe les yeux.

Si le peuple n'éprouve pas bientôt un changement tant soit peu sensible dans son existence matérielle c'en est fait de la République.

Oui! certainement les réformes sont nécessaires; mais il faut marcher avec MODÉRATION. Voilà la réponse banale qu'on entend partout et toujours.

Hommes modérés, hommes prétendus raisonnables, votre règne n'a que trop duré. C'est assez! le monde est las de vous; vous avez été et vous êtes encore la cause de trop de malheurs.

Savez-vous d'où vient le plus souvent l'esprit exagéré de modération?

Il vient de la médiocrité, de l'absence de connaissances réelles, de l'égoïsme et du manque de *foi dans le bien*. Toutes ces causes ont pour conséquences l'indécision et l'hésitation, ce qui équivaut à la paralysie. Quand on ne sait clairement, ni où l'on veut aller, ni ce que l'on veut faire, il est très naturel que l'on crie *à la modération :* c'est un moyen de masquer son ignorance.

Plus de mots vagues! précisez s'il vous plaît!

Modération! Mais en quoi?

Nous comprenons parfaitement que, dans les questions touchant à la régénération des mœurs, il n'est pas possible de marcher vite ; mais nous nous refusons à comprendre que, dans les questions touchant aux vices administratifs, il faille de la modération. Un vice restera toujours un vice, tant qu'il ne sera pas supprimé complétement ; par conséquent, il faut le supprimer, non avec modération, mais avec énergie, c'est-à-dire avec promptitude.

Nons ne saurions non plus comprendre qu'il pût jamais être *inopportun* qu'un être humain qui travaille pour vivre, gagne assez pour se nourrir, se loger, se chauffer, se vêtir et s'instruire mieux qu'il ne le fait actuellement ; cela nous paraît toujours opportun. Qu'a donc fait la République, dans cet ordre de choses, depuis qu'elle existe ? Qu'en avez-vous fait aussi, vous, hommes prétendus raisonnables et pratiques, depuis que vous êtes maîtres de la situation ? — Rien ! absolument rien !

Vous êtes-vous rendu compte de ce qui fait qu'après le 2 Décembre, Sedan et Metz, il existe encore dans le pays plus d'un million d'électeurs qui votent pour le bonapartisme ? Pourquoi n'ont-ils pas éprouvé assez d'indignation contre la lâcheté du héros de Sedan, pour effacer à jamais son souvenir de leur mémoire ?

L'Empire lui-même, — quelque odieux, lâche et dégradant qu'ait été ce régime, — cherchait à développer le travail productif, poussé cependant, non par des considérations élevées, mais pour satisfaire à des intérêts purement personnels. Et vous, qu'avez-vous fait pour développer ce travail? — Sous ce rapport, non-seulement vous ne marchez pas en avant, mais vous avez reculé de beaucoup.

Prenez garde, si vous continuez ainsi, de vous trouver en minorité, lors des prochaines élections.

En ce moment-ci, vous êtes occupés à voter le Budget. Cette besogne est regardée comme peu intéressante ; elle ne présente pas assez de motifs pour faire de pompeux discours politiques sur les patrons habituels.

Pour être compétent dans cette branche, il est indispensable d'avoir de l'expérience et des connaissances administratives très variées. Mais quand on manque de tout cela, le vote du budget ne devient qu'une pure formalité, dont le résultat est d'ordinaire l'approbation de l'ancienne routine. Cependant, comme contenance et pour se faire valoir, on fait habituellement à ce propos un grand tapage, s'attachant à des petites choses pour n'aboutir à rien.

On nous objectera certainement, que les députés sont appelés à faire de la politique et non la besogne administrative, et qu'on ne peut pas exiger d'eux des connaissances pratiques sur toutes les questions.

Soit, nous admettons cette objection ; mais si les députés ne sont pas compétents pour démontrer la possibilité de réductions considérables à faire dans les budgets des dépenses improductives, qu'ils ne s'attachent plus aux détails; qu'ils agissent souverainement, en hommes purement politiques, et ne traitent les questions qu'en bloc.

Le budget de l'État, sans compter la dette, se subdivise, en chiffres ronds, ainsi :

Ministères improductifs :

Intérieur	107	millions.
Justice et Cultes	90	—
Finances	272	—
Affaires étrangères . . .	13	—
Guerre	536	—
Marine et Colonies . . .	186	—

Ministères productifs :

Instruction publique . .	49	millions.
Travaux publics	174	—
Agriculture et Commerce	19	—

Pourquoi la Chambre, afin d'entrer dans la vraie voie des réformes, ne voterait-elle pas au moins 10 % de réduction sur tous les budgets des ministères qui ne font qu'absorber une part des richesses nationales, pour reporter cette économie sur les budgets des ministères qui produisent ?

Le peuple se ressentirait immédiatement de l'effet de cet acte de sagesse.

Et encore, c'est très peu de chose que 10 % ; nous sommes fermement convaincus qu'il y aurait toute possibilité d'élever la réduction desdites dépenses à 50 %, sans porter aucun préjudice à une bonne administration.

Certainement, cette assertion paraîtra bien singulière, absurde peut-être, et il est possible que l'on n'y donne pas la moindre attention, la considérant comme un simple rêve. Soit, nous voulons bien rester, pour le moment, sous le coup d'une pareille appréciation, sauf à démontrer dans de prochains articles que notre assertion est le fruit d'études approfondies et d'une longue pratique de l'administration.

Dans ce genre de réformes, la modération nous paraît compréhensible ; c'est-à-dire que nous admettons une certaine nécessité de procéder graduellement, et nous ne proposons, comme premier échelon, que 10 %, au lieu de 50 % que nous considérons comme le minimum des réductions à faire.

Pouvez-vous nier l'effet bienfaisant qu'un pareil acte produirait dans le pays? Non!

Pourquoi donc ne prendriez-vous pas une initiative à ce sujet? Qu'est-ce qui pourrait vous effrayer? — *La nouveauté?* Eh bien! si vous ne voulez rien faire de nouveau, restez dans la routine et occupez-vous à compter les jours qui vous restent à vivre; car la routine elle-même ne saurait durer, et vous encore moins.

Mais vous voulez durer? Dans ce cas, imposez aux divers ministres le montant de leurs budgets respectifs avec ladite réduction, et arrêtez-vous là, en gardant, bien entendu, votre droit de contrôle, et soyez sûrs que vous verrez en peu de temps bien des progrès effectués.

Si, à la suite de vos réductions, quelques-uns des ministres déposent leurs portefeuilles, en quoi cela vous effrayerait-il ? La France manquera-t-elle d'hommes capables de résoudre le problème que vous auriez posés ? Non, certes.

Si nous appuyons sur le mode à suivre par la Chambre pour les réductions à faire, c'est que, aussi longtemps que la Chambre voudra entrer dans les détails, elle ne parviendra jamais à atteindre le but. Cela ne peut pas être de son ressort; aucune commission, nommée par elle, ne fera avancer ce genre de questions. Autant vaudrait charger une commission de faire des inventions mécaniques ou autres. Le devoir de la Chambre est de poser le problème (c'est plus digne d'elle) et de faire appel aux hommes qui voudront et sauront exécuter sa volonté. Soyez certains qu'ils se produiront.

Marchez donc, car sans cela, d'ici à trois ans, la République serait en danger et sa chute entraînerait toute l'Europe dans la réaction.

Réfléchissez, républicains doctrinaires ! Si vous n'entrez pas dans la voie de la solution des questions sociales, vous perdrez même ce qui paraît vous être le plus cher et que vous croyez le mieux tenir : *le nom de la République.*

TABLE DES MATIÈRES

Paris. — Imp. ADOLPHE REIFF, 9, place Cambrai.

www.ingramcontent.com/pod-product-compliance
Ingram Content Group UK Ltd.
Pitfield, Milton Keynes, MK11 3LW, UK
UKHW020156200726
13856UKWH00003B/1024

9 782011 766564